LEKTÜRESCHLÜSSEL
FÜR SCHÜLERINNEN UND SCHÜLER

Friedrich Dürrenmatt
Die Physiker

Von Franz-Josef Payrhuber

Reclam

Dieser Lektüreschlüssel bezieht sich auf folgende Textausgabe:
Friedrich Dürrenmatt: *Die Physiker*. In: Werkausgabe in dreißig
Bänden. Bd. 7. Zürich: Diogenes Verlag, 1988.

RECLAMS UNIVERSAL-BIBLIOTHEK Nr. 15302
Alle Rechte vorbehalten
© 2001 Philipp Reclam jun. GmbH & Co. KG, Stuttgart
Gesamtherstellung: Reclam, Ditzingen
Printed in Germany 2015
RECLAM, UNIVERSAL-BIBLIOTHEK und
RECLAMS UNIVERSAL-BIBLIOTHEK sind eingetragene
Marken der Philipp Reclam jun. GmbH & Co. KG, Stuttgart
ISBN 978-3-15-015302-4

Auch als E-Book erhältlich

www.reclam.de

Inhalt

1. Erstinformation zum Werk **5**
2. Inhalt **8**
3. Personen **17**
4. Aufbau und Form **23**
5. Wort- und Sacherläuterungen **27**
6. Interpretation **32**
7. Ausformung der Thematik durch andere Autoren **45**
8. Autor und Zeit **51**
9. Checkliste **64**
10. Lektüretipps **69**

Anmerkungen **73**
Raum für Notizen **77**

1. Erstinformation zum Werk

Friedrich Dürrenmatt war einer der originellsten, eigenwilligsten und zugleich erfolgreichsten Schriftsteller des zwanzigsten Jahrhunderts. Er schuf ein umfangreiches literarisches Werk, das insbesondere aus Dramen und Hörspielen, Romanen und Novellen sowie aus theoretischen Schriften über Kunst, Literatur und Politik besteht. Viele Ehrungen honorierten sein humanistisches Engagement, zahlreiche Literaturpreise, unter ihnen der Georg-Büchner-Preis (1986), würdigten seine künstlerische Arbeit.

Im Mittelpunkt von Dürrenmatts vielfältigem künstlerischem Schaffen stand, abgesehen von den letzten Lebensjahren, immer das Drama und das Theater. Er schrieb insgesamt knapp dreißig Theaterstücke, von denen die Mehrzahl auf der Bühne erfolgreich war. Gegenwärtig kommen die meisten seiner Stücke in den Spielplänen der Theater allerdings nicht mehr vor. Dürrenmatt teilt hier ganz offenkundig das Schicksal anderer moderner Klassiker, dass seine Themen und die dramaturgische Form seiner Theaterarbeiten als nicht mehr zeitgemäß empfunden werden. *Der Besuch der alten Dame* und *Die Physiker* sind jedoch hiervon ausgenommen. Sie gelten allgemein nicht nur als seine besten, sondern auch als seine wirksamsten Stücke. Beide Dramen sind auch seit mehr als zwei Jahrzehnten als Schullektüre kanonisiert und haben mittlerweile ihren festen Platz in den Lehrplänen.

Das Theaterstück *Die Physiker* wurde 1961 geschrieben und am 20. Februar 1962 im Schauspielhaus Zürich uraufgeführt. Es wurde zum Theatererfolg der Saison und gehörte fortan für mehrere Jahre zu den meistgespielten Stücken im deutschsprachigen Raum. Der Erfolg ist maßgeblich in dem unerwarteten Paradox begründet, dass in dem Stück das ernsthafte Thema der ethischen und sozialen Verantwortung des Wissenschaftlers für die Auswirkungen seiner Forschungen in der Form einer grotesken Komödie gestaltet wird. Für die Darstellung eines existentiellen Konfliktes würde man doch eher eine Tragödie erwarten. Die Resonanz bei Publikum und Kritik gibt jedoch der Position Dürrenmatts Recht, dass die Tragödie keine angemessene ästhetische Antwort mehr auf den grotesken Zustand unserer heutigen Welt ist.

In den sechziger Jahren konnte das Thema des Stücks unschwer auf das Problem der Atombombe und die Angst der Menschen vor einem Atomkrieg bezogen werden; es bestand die Konfrontation der beiden Atommächte USA und Sowjetunion. Das anhaltende Interesse an dem Stück zeigt jedoch, dass es nicht allein die historischen Zusammenhänge erhellt, aus denen heraus es entstanden ist, vielmehr mit seinem Sinnpotential bis in die Gegenwart hineinreicht. Die Frage nach der Verantwortung der Wissenschaftler ist unverändert aktuell, auch wenn sie nicht allein im Kontext der atomaren Bedrohung gestellt wird; die Genforschung beispielsweise oder die Biotechnologie und neuerdings das therapeutische Klonen werfen heute die gleichen existentiellen Probleme auf.

Der »Lektüreschlüssel« zu Dürrenmatts Stück *Die Physiker* will zum besseren Verstehen dieser Zusammenhänge beitragen. Hierzu soll zunächst eine ausführliche und detaillierte Inhaltsangabe Hilfen bieten. Sie weist bereits auf all die Einzelheiten hin, die in den folgenden Kapiteln unter den für eine Interpretation zentralen Gesichtspunkten behandelt werden: Thematik, Personencharakteristik, Werk-Aufbau, ästhetische Form und Wirkungsabsicht. Wort- und Sacherklärungen erläutern den Sinn von Wörtern und klären über Personen auf, die dem heutigen Leser nicht unmittelbar bekannt sind. Ein Vergleich mit der Ausformung der Thematik durch andere Autoren sowie biographisches Hintergrundwissen zum Autor und seinem Gesamtwerk geben dem Leser zusätzliche Verständnishilfen.

2. Inhalt

Das Stück hat zwei Akte, die keine weiteren szenischen Zäsuren aufweisen, jedoch entsprechend den Personen, die sich auf der Bühne befinden oder sie neu betreten, jeweils in fünf Auftritte gegliedert werden können. Dem Haupttext des ersten Akts geht eine sehr ausführliche Bühnenanweisung voraus, die über den Ort der Handlung informiert, die Hauptfiguren einführt, einiges zur Vorgeschichte berichtet sowie dramaturgische Reflexionen enthält. Dem Drama nachgestellt sind *21 Punkte zu den Physikern*, eine Thesenfolge, die das gedankliche Beziehungsfeld der Handlung umreißt.

Aufbau des Stücks

Erster Akt

Die einleitende Bühnenanweisung gibt als Ort der Handlung den Salon einer etwas »verlotterten Villa« an, die neben weiteren Pavillons in einem »weitläufigen Park« des privaten Sanatoriums »Les Ceresiers« liegt. Ausführlich beschreibt sie auch die nähere Umgebung dieses Sanatoriums, kommt dann aber zu der frappierenden Schlussfolgerung, dass »das Örtliche eigentlich keine Rolle« spiele (11)[1]; denn es handele sich um eine Irrenanstalt und die Handlung des Stücks führe nie aus dem Salon der Villa hinaus. Berichtet wird in der Bühnenanweisung weiterhin über die Leiterin der Anstalt, »Fräulein

Beschreibung des Ortes

Einführung der Hauptfiguren

Dr. h.c. Dr. med. Mathilde von Zahnd« (12), über die Prominenz der Insassen und über drei Patienten, die »nicht ganz zufälligerweise« Physiker sind; denn in dieser Anstalt lässt man »beisammen, was zusammengehört« (12). Diese »harmlose[n], liebenswerte[n] Irre[n]« (12) gäben »wahre Musterpatienten ab, wenn nicht in der letzten Zeit Bedenkliches, ja geradezu Gräßliches vorgekommen wäre: Einer von ihnen erdrosselte vor drei Monaten eine Krankenschwester, und nun hat sich der gleiche Vorgang aufs neue ereignet« (13). Darum ist, wenn das Spiel »kurz nach halb fünf nachmittags« (14) beginnt, wieder die Polizei im Haus.

[1] Dieser Einführung entsprechend, erscheint der erste Akt zunächst wie ein Kriminalstück. Im Hintergrund des durch einen Kampf in Unordnung gebrachten Salons liegt die Leiche der Krankenschwester Irene Straub, die von Ernst Heinrich Ernesti, der sich für Einstein ausgibt, erdrosselt wurde. Kriminalbeamte bemühen sich um sie, während der mit der Aufklärung des Mordes befasste Inspektor Voß die Oberschwester Marta Boll nach dem Mörder zu befragen sucht. Er bekommt von ihr jedoch keinerlei Auskünfte, wird vielmehr an die Leiterin des Sanatoriums verwiesen, die derzeit noch damit beschäftigt ist, den durch den Mord erregten Einstein zu beruhigen, indem sie sein Geigenspiel am Klavier begleitet.

Ausgangssituation

[2] Gekleidet in ein »Kostüm des beginnenden achtzehnten Jahrhunderts mit Perücke« (18), kommt Newton hinzu, der drei Monate zuvor die Krankenschwester Dorothea Moser getötet hat. Er erklärt dem Inspektor, er sei in Wirklichkeit Albert Einstein, könne dies jedoch vor Ernesti,

Auftritt Newtons

der sich seinerseits einbilde, Einstein zu sein, nicht zugeben, sonst »wäre der Teufel los« (21). Der Inspektor lässt sich scheinbar unberührt auf das groteske Spiel ein.

[3] Endlich erscheint die Chefärztin Fräulein Dr. Mathilde von Zahnd. Entgegen den Erwartungen des Inspektors trägt sie jedoch nichts zur Aufklärung der Morde bei. Voß wird vielmehr belehrt, dass er es nicht mit Morden und Mördern, sondern mit »Unglücksfällen« und »Verrückten« zu tun habe, die allenfalls als »Täter« bezeichnet werden dürften (26). Darum könne er auch niemanden verhaften. Dem Hinweis des Inspektors auf Newtons wahre Identität begegnet sie mit der entschiedenen Feststellung: »Für wen sich meine Patienten halten, bestimme ich. Ich kenne sie weitaus besser, als sie sich selber kennen« (25). Immerhin bekommt Voß beim Weggehen die Zusicherung, dass die Krankenschwestern im Interesse vorbeugender Sicherheitsmaßnahmen durch Pfleger ersetzt werden sollen.

Auftritt der Chefärztin

[4] In Begleitung ihrer drei Söhne und ihres neuen Gatten, des Missionars Rose, tritt danach die geschiedene Frau Möbius auf. Sie will sich verabschieden, weil ihre jetzige Familie im Begriff ist, nach den Marianen abzureisen, wo Rose eine Missionsstation übernehmen wird. Ihr Gespräch mit der Chefärztin über die Geschichte ihrer ersten Ehe lenkt die Aufmerksamkeit erstmals auf Möbius, die Zentralfigur des Stücks. Er war ein fünfzehnjähriger »Waisenbub und bitter arm«, als sie sich im Hause ihres Vaters kennen lernten, wo er eine Mansarde gemietet hatte (33). Sie ermöglichte ihm das Abitur, später das Studium der Physik, und heiratete ihn an seinem zwanzigsten Geburtstag, gegen den Willen ihrer Eltern. Sie bekamen drei Kinder, sie arbeitete,

Auftritt Familie Rose

er schrieb seine Dissertation; und als endlich eine Professur für ihn in Aussicht stand und sie glaubten aufatmen zu können, wurde er krank. Fünfzehn Jahre hat sie ihre Familie allein durchbringen müssen und ist für den teuren Sanatoriumsaufenthalt ihres Mannes aufgekommen. Nun aber kann sie diesen nicht länger bezahlen. Die Chefärztin sichert Frau Rose zu, den weiteren Verbleib ihres geschiedenen Mannes in »Les Cerisiers« zu garantieren.

Nach dieser Szene betritt Johann Wilhelm Möbius erstmals die Bühne. Er scheint weder seine Kinder zu erkennen noch die Zusammenhänge überhaupt zu begreifen. Als sein jüngster *Auftritt Möbius'* Sohn ihm mitteilt, er möchte Physiker werden, verbietet er ihm diesen Beruf, weil er ihn selbst ins Irrenhaus gebracht habe. Er spricht vom König Salomo, der ihm erscheine, und reagiert aggressiv, als die Jungen ihm auf der Blockflöte »etwas von Buxtehude« (30) vorspielen wollen. Er konfrontiert die Anwesenden mit dem »Psalm Salomos, den Weltraumfahrern zu singen« (41), einer apokalyptischen Weltraum-Vision. Höchst erregt wirft er am Ende seine frühere Frau samt Anhang hinaus: »Schiebt ab! Für immer! Nach dem Stillen Ozean! [...] Ihr sollt verflucht sein! Ihr sollt mit den ganzen Marianen im Marianengraben versaufen!« (42 f.).

[5] Am Schluss des ersten Aktes ist Möbius allein mit Schwester Monika Stettler. Er offenbart ihr, dass er den Auftritt mit seiner Familie ebenso *Erste Enthüllung* simuliert habe, wie er seinen Wahnsinn vortäusche; nur die Erscheinung des Königs Salomo revidiert er nicht. Sie bekennt ihrerseits, dass sie über seine Arbeiten, die er heimlich in der Irrenanstalt fortgesetzt hat, Bescheid wisse. Beide gestehen sich ihre Liebe zueinander. Als Schwester Monika aber von Heirat spricht und Möbius in

ihre Vorbereitungen für ein gemeinsames Leben außerhalb der Anstalt einweiht, bricht dieser in Panik aus. Während die Bühne allmählich dunkel wird, erdrosselt er mit »Tränen in den Augen« (53) die Krankenschwester mit einer Vorhangkordel. Einstein geigt dazu in seinem Zimmer »Schön Rosmarin« (53).

> Ermordung von Schwester Monika

Zweiter Akt

[1] Der zweite Akt beginnt, »eine Stunde später« (54), genau wie der erste: »Der gleiche Raum. Draußen Nacht. Wieder Polizei. Wieder messen, aufzeichnen, photographieren« (54). Auch Inspektor Voß ist wieder am Tatort. Diesmal jedoch sind die Positionen vertauscht, jetzt spricht die Chefärztin von Mord und von Mördern und der Inspektor von Unglücksfällen und Tätern.

> Polizeiliche Untersuchung

[2] Auch das Gespräch zwischen Möbius und dem Inspektor erscheint zunächst wie eine leicht modifizierte Wiederholung des Dialogs zwischen Newton und Voß im ersten Akt. Möbius fordert seine Verhaftung, doch der Inspektor erklärt ihn für unzurechnungsfähig; nach seinem eigenen Geständnis habe er ja auf Befehl des Königs Salomo gehandelt. Für einen Irren, so die Argumentation von Voß, gelten keine normalen Gesetze, auch wenn er den Wahnsinn nur simuliert. »Die Gerechtigkeit macht zum ersten Mal Ferien« (60), äußert er zufrieden. Es gibt für ihn nichts zu ermitteln, er braucht niemanden zu verhaften. Weitere Morde sind auch nicht mehr zu befürchten; denn

> Irrenhaus kehrt Rechtsordnung um

die Krankenschwestern wurden seinem Wunsche entsprechend durch »riesenhafte Pfleger« (56) ersetzt.

[3] Nachdem Voß abgegangen ist, begeben sich die drei Physiker zu Tisch. Hierbei löst der durch das Verhalten der neuen Pfleger bewirkte Eindruck, dass sich das Irrenhaus zu einem Gefängnis wandele, unvermittelt überraschende Geständnisse aus. Newton und Einstein bekennen, in Wahrheit gar nicht verrückt zu sein, sondern ihren Wahnsinn nur vorgespielt zu haben. Newton gibt sich als der Physiker Alec Jasper Kilton, Begründer der Entsprechungslehre, zu erkennen und Einstein alias Ernesti als der Physiker Joseph Eisler, der Entdecker des Eisler-Effektes. Beide entlarven sich als Geheimdienstagenten gegnerischer Mächte, die ihr Versteckspiel nur inszenierten, um Möbius in ihr jeweiliges Land zu verschleppen. Denn dieser steht im Ruf, der genialste Physiker der Gegenwart zu sein, dem man zutraut, das »System aller möglichen Erfindungen« (50) entdeckt zu haben. Mit ihm über diese »Weltformel« zu verfügen, hieße die Weltherrschaft zu besitzen. Die Morde an den Krankenschwestern mussten sie begehen, um ihre befürchtete Enttarnung zu verhindern; denn die Schwestern hatten bereits Verdacht geschöpft.

> Newton und Einstein enthüllen ihre Identität

Nach diesen Bekenntnissen der beiden Physiker erklärt auch Möbius, er sei kein Irrer. Er habe sich vielmehr vor Jahren dafür entschieden, den vorgetäuschten Wahnsinn als Alternative zu einer glänzenden wissenschaftlichen Karriere und finanziellem Erfolg zu wählen, um gerade die politische Ausbeutung seiner Forschungen zu verhindern, für die Kilton und Eisler kämpften. Er sei ins Irrenhaus gegangen und habe dort ge-

> Möbius begründet seine Entscheidung für das Irrenhaus

mordet, damit die katastrophalen Folgen nicht einträten, die seine »Untersuchung« bewirken könnte, falls sie »in Hände der Menschen« fiele (69).

Möbius bestätigt die Vermutung seiner beiden Physiker-Kollegen, dass er in den Jahren seines Sanatoriumsaufenthaltes »das Problem der Gravitation gelöst«, »die einheitliche Theorie der Elementarteilchen« und »die einheitliche Feldtheorie«, die sogenannte »Weltformel« gefunden habe (69). Zugleich führt er ihnen in großer Eindringlichkeit die Widersinnige wissenschaftlicher Arbeit im Zeitalter totaler Ausbeutung durch die Herrschenden vor Augen: Im Dienste politischer Mächte könne die Physik nur Teil einer globalen Vernichtungsmaschinerie sein. Er appelliert an sie, aus Verantwortung gegenüber der Menschheit seine Entdeckungen vor dem jeweiligen Machtapparat geheim zu halten und als »Verrückte« weiterhin bei ihm in der Anstalt zu bleiben. Ihre Mission sei ohnehin erfolglos, denn er selbst habe bereits die Konsequenz gezogen und sein Wissen »zurückgenommen« (74); das heißt, er habe die Manuskripte seiner Entdeckung verbrannt. Sein Fazit ist von ebenso paradoxer wie zwingender Logik: »Nur im Irrenhaus sind wir noch frei. Nur im Irrenhaus dürfen wir noch denken. In der Freiheit sind unsere Gedanken Sprengstoff« (75). Und dies bedeutet: »Entweder bleiben wir im Irrenhaus oder die Welt wird eines« (76).

> Möbius argumentiert für den Verbleib im Irrenhaus

Newton und Einstein haben Möbius zwar kein entkräftendes Argument entgegen zu setzen, im Irrenhaus wollen sie aber auch nicht bleiben. Da erinnert sie Möbius an ihre Morde an den Krankenschwestern, die sie ›draußen‹ unweigerlich ins Gefängnis bringen würden. Der Hinweis unterstützt zweifellos seine Beweisführung. Aber erst mit dem entscheidenen Argument, dass es nicht mehr um die Freiheit der Physik oder um ihre Unterordnung unter die Machtpolitik eines Landes gehe, dass es vielmehr einzig darauf ankomme, Vernunft walten zu lassen, gelingt Möbius das Unerwartete, die beiden zu seinem Standpunkt zu bekehren. Entschlossen, weiterhin hinter der Maske des Wahnsinns zu leben, erheben alle drei ihre Gläser und stoßen auf ihre Krankenschwestern mit dem Trinkspruch an: »Verrückt, aber weise.« – »Gefangen, aber frei.« – »Physiker, aber unschuldig« (77).

Entschluss der Physiker

[4] »Die drei winken sich zu, gehen auf ihre Zimmer« (78). Doch damit ist das Stück noch nicht zu Ende, die letzte, die »schlimmstmögliche Wendung« (91) steht erst noch bevor. Die Chefärztin lässt die Physiker holen und erklärt ihnen, dass auch ihr seit Jahren der König Salomo erscheine. Um sie in die Hand zu bekommen, habe sie in seinem Auftrag die Morde an den drei Krankenschwestern provoziert; vor allem aber habe sie heimlich Möbius' Manuskripte fotokopieren lassen und sich damit in Besitz der ›Weltformel‹ gebracht. Nun stehe sie einem »mächtigen Trust« (83) vor, der den Beginn von Salomos »heiliger Weltherrschaft« (82) garantiere. Einstein spricht das Unfassbare aus, das sich hier offenbart: »Die Welt ist in die Hände einer verrückten Irrenärztin gefallen« (85). Und Möbius ergänzt: »Was einmal gedacht wurde, kann nicht mehr zurückgenommen werden« (85).

Die »schlimmstmögliche Wendung«

[5] In der Schlussszene sind die drei Physiker allein. Erst »starren sie vor sich hin«, dann stellen sie sich, »ganz ruhig, selbstverständlich« redend, »einfach dem Publikum vor« (85): »Ich bin Newton. Sir Isaak Newton. […]« »Ich

16 2. INHALT

> *Schlussmonologe der Physiker*

bin Einstein. Professor Albert Einstein. […]« Möbius sagt als »der arme König Salomo« seine Endzeitvision auf, die in dem Satz gipfelt: »[…] und irgendwo um einen kleinen, gelben, namenlosen Stern kreist, sinnlos, immerzu, die radioaktive Erde« (87).

3. Personen

Die Figuren des Dramas lassen sich, dem Personenverzeichnis folgend, zu fünf Gruppen zusammenstellen:
1. Die Irrenärztin Fräulein Doktor Mathilde von Zahnd
2. Das Personal der Irrenanstalt, das aus zwei Krankenschwestern und drei Pflegern besteht
3. Die Physiker
4. Die Familie Rose
5. Der Kriminalinspektor und seine Gehilfen

Die meisten dieser Figuren spielen nur eine Nebenrolle, sie gewinnen daher auch kaum Konturen. Die Handlung wird wesentlich von vier Personen getragen: auf der einen Seite von der Irrenärztin und auf der anderen von den drei Physikern. Dabei stiftet allerdings ein fortgesetzter Identitätswechsel reichlich Verwirrung. Mit einer Skizze zur Figurengruppierung[2] kann das Masken- und Verwechslungsspiel aufgehellt werden:

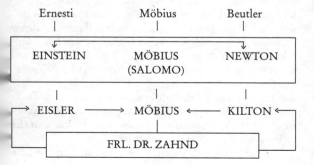

Der Grundplan dieser Figurengruppierung bekommt durch die Eigenschaften der Personen und ihre Handlungsfunktionen weiteres Profil. Die neben Möbius exponierteste Stellung hat **Fräulein Doktor Mathilde von Zahnd**, die Gründerin und Leiterin des Sanatoriums »Les Cerisiers«. Dieser letzte Spross einer einst »mächtigen autochthonen Familie« (12) ist, wie sich am Schluss herausstellt, voller Minderwertigkeitskomplexe, dabei machthungrig und von dem Wahn besessen, von König Salomo erwählt zu sein. Diese bucklige (12), unfruchtbare (85) alte Jungfer gilt aber zugleich als »ein Menschenfreund und Psychiater« (12) von Weltruf. Es kommt also nicht von ungefähr, dass sie in ihrer Heilanstalt »die ganze geistig verwirrte Elite des halben Abendlandes« – »debile Millionäre, schizophrene Schriftsteller, manisch-depressive Großindustrielle« (12) – betreut.

Die Ärztin

Im ersten Akt erscheint Mathilde von Zahnd als freundliche, verständnisvolle Vertreterin ihres Berufsstandes, und auch im zweiten gibt es lediglich einige Andeutungen, dass sie wohl nicht diejenige ist, als die sie sich darstellt. Was sich aber hinter der Maske der biederen Ärztin tatsächlich verbirgt, enthüllt sich erst vom Ende her. Getrieben von Wahnsinn und Machtgier, hat sie zielgerichtet ihren teuflischen Plan verfolgt, mittels der von Möbius entwendeten Forschungsergebnisse einen gewaltigen Trust aufzubauen und damit die Grundlage für ihre künftige Weltherrschaft zu schaffen. Die absolute Macht, die sie über ihre Patienten ausübt, und das Herrschaftsbewusstsein, mit dem sie sie ausübt, lässt sich in ihrer Bemerkung zusammenfassen, die sie dem Kriminalinspektor gegenüber macht: »Für wen sich meine Patienten halten, bestimme ich« (25).

Die verrückte Ärztin verkörpert den militärisch-industriellen Bereich, der in allen Staaten der Welt nach Macht und Einfluss strebt. Sie wird im Verlauf der Handlung immer mehr zu einer grotesken Figur, deren äußere Missgestalt die innere Verfassung sichtbar ausdrückt. Die zunächst in ihrer Fürsorge für die Patienten sympathisch wirkende Ärztin verwandelt sich zuletzt zur Inkarnation des Bösen, die nur noch Entsetzen und Grauen auslöst.

> Groteske Figur

Der Patient, der sich Herbert Georg Beutler nennt, als **Newton** auftritt und in Wirklichkeit Alec Jasper Kilton heißt, war bei seinen Forschungen auf die Dissertation von Möbius gestoßen, hatte deren Genialität erkannt und daraus geschlossen, dass ihr Verfasser fähig sei, das Geheimnis der Gravitation zu lösen. Er hatte den Geheimdienst seines Landes auf diesen Tatbestand aufmerksam gemacht und wurde von diesem mit dem Auftrag in das Irrenhaus geschickt, herauszubekommen, was sich hinter Möbius' Wahnsinn verbirgt, und zu versuchen, ihn in den Kreis der Wissenschaftler zurückzuführen. Kilton aber war nicht der einzige Leser der Dissertation. Auch Josef Eisler war auf sie aufmerksam geworden, mit dem Ergebnis, dass auch er sich, ebenfalls im Auftrag eines Geheimdienstes, wegen Möbius im Irrenhaus aufhält. Er gibt sich dort als Ernst Heinrich Ernesti aus, der sich für **Einstein** hält.

> Wahre Identität der Physiker

Aus der identitätsverschleiernden Kostümierung der beiden wie ihrer Gegenüberstellung als Repräsentanten feindlicher Mächte ergeben sich eine Reihe grotesk-komödiantischer Spieleffekte, die Dürrenmatt gekonnt nutzt. Maßgebend für die dramaturgische Konzeption des Stücks sind aber ihre gegensätzlichen Positionen zur Aufgabe der Wissenschaft und zur Verantwortung der Wissenschaftler. Eisler bindet die Physik »im Namen der Verantwortung« an die Machtpolitik eines bestimmten Landes« (72). Er glaubt allerdings, die Physiker hätten noch die Verfügungsgewalt über die Bedingungen, das heißt, sie könnten selbstverantwortlich darüber entscheiden, zu wessen Gunsten sie ihre Wissenschaft anwenden (70). Kilton hingegen beschwört die Freiheit der Wissenschaft und lehnt jede Verantwortung für die Folgen ab: »Wir haben Pionierarbeit zu leisten und nichts außerdem. Ob die Menschheit den Weg zu gehen versteht, den wir ihr bahnen, ist ihre Sache, nicht die unsrige« (70).

> Unterschiedliche Positionen zur Aufgabe der Physik

Die spannende Frage, wer von beiden die überzeugenderen Argumente hat, erübrigt eine Antwort, weil sich Kilton wie Eisler – vorgeblich im Interesse der »Landesverteidigung« (72) – einem politischen System verpflichtet haben und deswegen gar nicht mehr Herr ihrer Entscheidungen sind. Sie stehen letztlich nicht gegeneinander, sondern gemeinsam gegen Möbius. Der aber weist ihre Versuche, ihn für eine Zusammenarbeit mit ihrem jeweiligen Land zu gewinnen, souverän mit dem Argument zurück: »Jeder preist mir eine andere Theorie an, doch die Realität, die man mir bietet, ist dieselbe: ein Gefängnis. Da ziehe ich mein Irrenhaus vor. Es gibt mir wenigstens die Sicherheit, von Politikern nicht ausgenutzt zu werden« (73).

> Abhängigkeit der Physiker

Der Physiker **Möbius** fungiert im Stück als der »mutige Mensch«, von dem Dürrenmatt in dem Essay *Theaterprobleme* spricht. Mutig ist für ihn ein Mensch, der in unserer anonymen, »gesichtslosen Welt« nicht verzweifelt oder gar kapituliert, sondern sich entschließt, diese Welt zu »be-

> Möbius als »mutiger Mensch«

stehen«. Das bedrohliche Chaos der Welt ist dem mutigen Menschen zwar bewusst, er versucht aber dennoch, verantwortlich zu handeln, sich nicht von egoistischen Motiven leiten zu lassen und das Wohl der Menschheit im Blick zu behalten.[3] Aus solcher Verantwortung heraus spielt Möbius den Kranken und sucht sein Wissen im Irrenhaus vor der Welt zu bewahren. Zwar forscht er dort erfolgreich weiter, aber er studiert auch die Auswirkungen seiner Erkenntnisse. Und weil er zum Ergebnis kommt, dass sie Mittel zu Verbrechen an der Menschheit werden könnten, verbrennt er, um jedes Risiko auszuschließen, seine Manuskripte.

Mutig zeigt sich Möbius auch in der Auseinandersetzung mit seinen beiden Physiker-Kollegen. Weil seine Argumente stichhaltig sind und sein Rückzug ins Irrenhaus überzeugend ist, schließen sich Newton und Einstein seiner Entscheidung an. Sie lösen sich vom Machtanspruch der Staaten, die sie repräsentieren, und entschließen sich autonom zum Verbleib im Irrenhaus.

Möbius handelt wie einer, der glaubt, als Einzelner die Konflikte lösen und die Welt retten zu können. Diesem Ziel ordnet er sein eigenes Leben unter, für dieses Ziel beutet er seine Frau aus und vernachlässigt er seine Kinder, mit diesem Ziel rechtfertigt er auch den Mord an ›seiner‹ Krankenschwester Monika Stettler. Die von der Irrenärztin herbeigeführte »schlimmstmögliche Wendung« nimmt seinem Handeln jedoch jeden Sinn. Durch die unvorhersehbaren Machenschaften dieser Verrückten wird sein scheinbar mutiger Schritt im Nachhinein völlig belanglos, und alle damit beabsichtigten Auswirkungen werden außer Kraft gesetzt. Das Ergebnis für die Menschheit ist die Katastrophe, die Möbius verhindern wollte.

Belanglosigkeit des mutigen Handelns

3. PERSONEN

> »Für die Personencharakterisierung bedeutet das, dass Möbius als verantwortlich Handelnder von der Spielstruktur ad absurdum geführt erscheint.«[4] In einer von Machtkomplexen beherrschten Welt hat das Individuum keinen Spielraum mehr. Selbst dort, wo es noch eigenständig und selbstverantwortlich zu handeln und zu entscheiden glaubt, sind seine Handlungen und Entscheidungen von einer irren Wirklichkeit längst überholt. »Auch im Irrenhaus, der letzten Enklave in einer wahnsinnig gewordenen Welt, ist kein vernünftiges, verantwortungsbewußtes Handeln mehr möglich.«[5]

Ohnmacht des Individuums

4. Aufbau und Form

Die Physiker sind in formaler Hinsicht »eine der klarsten Kompositionen Dürrenmatts«[6]. Das Stück hat zwei Akte, deren paralleler Aufbau formaler Ausdruck einer inhaltlichen Zweiteilung in die Kriminalkomödie des ersten und das grotesk-tragische Spiel des zweiten Teils ist. Jeder Teil beginnt mit der Aufklärung eines Mordes durch die Polizei. Im ersten Teil hat Einstein, im zweiten Möbius und vor der Spielzeit hat auch noch Newton seine Krankenschwester umgebracht. Alle drei Fälle liegen gleich, insofern alle drei Physiker ihre Krankenschwestern als mögliche Mitwisserinnen beseitigen müssen. Im zweiten Teil schließen sich an den Auftritt des Inspektors die beiden großen Enthüllungsszenen an, in denen »die sichernden Wände zwischen Wirklichkeit und Wahn mehrmals hintereinander« derart zusammenfallen, »daß man mit den Patienten nicht mehr weiß, wo die Grenze zwischen Verrückt und Normal verläuft«.[7]

Dürrenmatt selbst hat die Zweiteiligkeit seines Stücks in der Bühnenanweisung zum ersten Akt mit dem Hinweis bekräftigt, *Die Physiker* seien, der Praxis im alten Griechenland folgend, Satyrspiel und Tragödie zugleich. Allerdings darf dabei ein entscheidender Unterschied nicht übersehen werden. Im griechischen Theater minderte die entspannende Unterhaltung des Satyrspiels die erschütternde Wirkung der vorangegangenen Tragödie. Dürrenmatt aber kehrt die Reihenfolge um. In seinem Stück tritt die Tragödie erst nach dem Satyrspiel ein.

Satyrspiel und Tragödie

Der eigenwillige Umgang Dürrenmatts mit dem antiken Vorbild hat, über die Handlungsebene hinaus, strukturbildende Wirkung. In der einleitenden Bühnenanweisung sagt er, sein Stück halte streng die Einheiten von Ort, Zeit und Handlung ein, weil eine Handlung, die unter Verrückten spiele, nur durch die Anwendung der »klassischen Form«, was heißen will, die Form der griechischen Tragödie, zu bewältigen sei. Tatsächlich ist der Handlungsort immer identisch und die Handlung dauert genauso lang wie die Spielzeit. Die beschworene klassische Form bewährt sich jedoch allenfalls als formales Grundmuster, nicht aber substanziell. Die Ironie in dieser Aussage ist unüberhörbar; denn dass die antike Tragödie auf anderen Voraussetzungen beruhte, war Dürrenmatt sehr wohl bewusst. In seinem Essay *Theaterprobleme* (1954) erklärt er, die Formstrenge und Konzentration eines antiken Dramas sei nur möglich gewesen, weil dem Publikum der »Mythos«, d.h. die Geschichte bereits bekannt war und für den Autor somit keine Notwendigkeit bestanden habe, sein Werk mit einer langwierigen Exposition beginnen zu müssen. Das Drama brauchte erst dann einzusetzen, wenn schon fast alles geschehen war, und konnte wesentlich aus der Enthüllung seiner Vorgeschichte leben: überraschend für den Helden, nicht für das Publikum.[8]

> Drei Einheiten des klassischen Dramas als formales Grundmuster

Bei den *Physikern* ist dieses dramaturgische Prinzip, das in der Dramentheorie als ›analytisch‹ bezeichnet wird, anders. Hier ist das Publikum in die Vorgeschichte gar nicht, das Bühnenpersonal nur teilweise eingeweiht. Und diese »listige Irreführung«[9] hält Dürrenmatt mit einer Serie überraschender, oft grotesk zugespitzter »Einfälle«[10] lange durch. Erst im dritten Auftritt des zweiten Aktes stellt sich heraus, dass alle drei Physiker kerngesunde Simulanten

> Analytisches Aufbauprinzip

4. AUFBAU UND FORM

sind. Muss der Zuschauer zunächst glauben, das Stück spiele wirklich unter Irren, so erweist sich Möbius jetzt als verantwortungsbewusster Wissenschaftler, und die beiden anderen entlarven sich als Agenten realer Machtsysteme.

Aus dieser Konstellation erwächst die Auseinandersetzung um die Aufgaben und Folgen der Physik, in der Möbius seine Argumente in dem Urteil zusammenfasst: »Unsere Wissenschaft ist schrecklich geworden, unsere Forschung gefährlich, unsere Erkenntnis tödlich. Es gibt für uns Physiker nur noch die Kapitulation vor der Wirklichkeit. Sie ist uns nicht gewachsen. Sie geht an uns zugrunde« (74).

Mit dem Entschluss Newtons und Einsteins, dem Beispiel von Möbius zu folgen, ihr Wissen zurückzunehmen und ein Leben im Irrenhaus zu führen, nimmt nicht nur die Handlung einen unerwarteten Verlauf. Viel intensiver noch als durch die Einhaltung der drei Einheiten parodiert Dürrenmatt mit dieser Wendung des Geschehens die klassische Dramenform. »Der Konflikt, das eigene Leben zu leben und damit der Menschheit den Untergang zu bringen oder aufs eigene Leben zu verzichten und die Menschheit vor dem Untergang zu retten, ist im traditionellen Sinn ›tragisch‹; denn es gibt keine Entscheidungsmöglichkeit, die einen versöhnlichen Ausgang verspräche. Der Entschluss, freiwillig im Irrenhaus zu bleiben, entspricht insofern« ganz dem in der klassischen Tragödie üblichen Verfahren, den Konflikt durch den Tod des Helden zu lösen.[11]

Parodie der klassischen Dramenform

Aber Dürrenmatts Stück ist ja an dieser Stelle noch nicht zu Ende, noch steht die »schlimmstmögliche Wendung« (91) aus, von der er in Punkt 4 der *21 Punkte zu den Physikern* spricht. Der »Zufall«, der sie dieser These nach bewirkt, tritt in den *Physikern* in Gestalt der verrückten Chefärztin auf, die sich die Forschungen von Möbius unrechtmäßig angeeignet hat und nun als Repräsentantin eines weltweiten Macht-Trusts fungiert. Durch diesen »Zufall« ist das Gegenteil dessen eingetroffen, was Möbius durch sein planmäßiges Handeln erreichen wollte.[12] Denn der scheinbar ausweglose Konflikt besteht gar nicht, aus dem Irrenhaus ist ein Gefängnis geworden, und das eingeforderte Verantwortungsbewusstsein erweist sich als völlig belanglos. Die drei Physiker Dürrenmatts opfern sich vergeblich. Sie glauben, tragische Helden zu sein und der Welt etwas vorzuspielen, am Ende aber sehen sie sich als Narren, mit denen die Amok laufende Welt spielt. Die Tragödie wandelt sich durch die »schlimmstmögliche Wendung« in die Komödie, als die Dürrenmatt sein Stück im Untertitel bezeichnet, der tragische Held in den entmachteten Komödianten: »zum ›Totlachen‹, um es mit Dürrenmatts Lieblingsvokabel zu sagen.«[13]

> *Funktion des Zufalls*

Die Form der Komödie ist Dürrenmatts ästhetische Antwort auf seine Wahrnehmung der Welt als gesichtsloses, bedrohliches Chaos. In einer solchen Welt, in der wie im *Physiker*-Stück die Menschheitsfrage nach Existenz oder Nicht-Existenz gestellt ist, in der es individuelle Verantwortlichkeit und individuelle Schuld für den Gang der Dinge nicht mehr gibt, sind künstlerisch glaubwürdige Antworten nicht mehr in traditionellen Formen, sondern nur noch in deren paradoxer Verkehrung zu finden: Die Tragödie der modernen Welt ist auf der Bühne nur noch als Komödie darstellbar.[14]

> *Die heutige Welt ist nur noch als Komödie darstellbar*

5. Wort- und Sacherläuterungen

9,3 **Für Therese Giehse** [Widmung]: Die Schauspielerin Therese Giehse (1898–1975) war mit Friedrich Dürrenmatt befreundet. Nachdem sie ihn darum gebeten hatte, die Rolle des Irrenarztes in der Uraufführung der *Physiker* (Zürich 1962) übernehmen zu dürfen, änderte er die ursprünglich männliche Figur in eine weibliche ab.

11,3 **Les Cerisiers:** (frz.) ›Die Kirschbäume‹.

12,14 **autochthonen:** alteingesessenen, bodenständigen.

12,18 **C. G. Jung:** Carl Gustav Jung (1875–1961), Schweizer Psychologe und Psychiater, Begründer der Lehre von den »Archetypen«.

12,24 **Ernis Glasmalereien:** Hans Erni (geb. 1909), Schweizer Maler, Graphiker und Bühnenbildner.

13,30 **Lavabo:** (schweizerdt.) Waschbecken.

14,2 ›**Kreutzersonate**‹: eine Sonate Beethovens, benannt nach dem französischen Geigenvirtuosen Rodolphe Kreutzer (1766–1831).

15,24 **Einstein:** Albert Einstein (1879–1955), bedeutendster Physiker des 20. Jh.s; Begründer der allgemeinen Relativitätstheorie, Entdecker der für die Berechnung der Atomenergie höchst bedeutsamen Äquivalenz von Masse und Energie; überzeugter Pazifist, Amateurgeiger.

16,12f. **Newton:** Sir Isaac Newton (1643–1727), englischer Physiker, Begründer der klassischen theoretischen Physik und der Himmelsmechanik; Entdecker des Gravitationsgesetzes.

20,15 **Gravitation:** Massenanziehung.

24,17 **Philanthropen:** Menschenfreunde, Wohltäter.

5. WORT- UND SACHERLÄUTERUNGEN

24,21 Partitur: Aufzeichnung eines vielstimmigen Musikstücks.

28,5 Kernphysiker: Die Kernphysik ist ein Teilgebiet der Physik, in dem der Atomkern erforscht wird.

28,12 radioaktive Stoffe: Gewisse chemische Elemente (z. B. Uran) haben die Eigenschaft, sich von selbst, ohne jede äußere Einwirkung, umzuwandeln und dabei eine charakteristische Strahlung auszusenden und in bestimmten Fristen (Halbwertszeit) zu zerfallen.

30,2 Dossier: Aktenbündel, das alle eine bestimmte Angelegenheit betreffenden Unterlagen enthält; hier: Krankengeschichte.

31,25 Gottesfriede: im Mittelalter kirchliches Gebot, bestimmte Personen, Orte und Sachen von der Fehde (Streit, Privatkrieg) auszuschließen.

32,12 Marianen: Inselgruppe Mikronesiens im westlichen Pazifik.

32,29 König Salomo: Salomo, König von Juda und Israel (972–932 v.Chr.), Sohn Davids, Erbauer der Paläste und des Tempels in Jerusalem. Im ›Alten‹ (hebräischen) Testament werden ihm Psalmen und Sprüche zugeschrieben, vor allem das *Hohe Lied* (40,11). Gilt als Urbild des weisen, mächtigen Herrschers.

33,16 Insulinkur: Der Insulinstoß wurde früher häufig in der klinischen Psychiatrie als Therapie von schizophrenen Erkrankungen verwendet; heute kaum mehr im Gebrauch.

34,3 f. Dissertation: wissenschaftliche Abhandlung zur Erlangung der Doktorwürde.

37,13 Schopenhauer und Nietzsche: die deutschen Philosophen Arthur Schopenhauer (1788–1860) und Friedrich Wilhelm Nietzsche (1844–1900).

5. WORT- UND SACHERLÄUTERUNGEN 29

39,22 **Buxtehude:** Dietrich Buxtehude (1637–1707), deutscher Komponist und Organist.

40,11 **Hohen Liedes:** Buch des ›Alten‹ (hebräischen) Testaments; Sammlung von Liebes- und Hochzeitsliedern (vgl. Salomo, 32,29).

40,14 **Sulamith:** Mädchen, das im *Hohen Lied* besungen wird.

40,14 f. **die Rehzwillinge, die unter Rosen weiden:** Zitat aus dem *Hohen Lied Salomos*.

41,14 **Methanbrei:** Methangas, das im Weltraum in der Jupiter-Atmosphäre anzutreffen ist.

41,16 **Ganymed:** größter Mond des Jupiters.

41,23 **Pluto und Transpluto:** Pluto ist der neunte und entfernteste Planet unseres Sonnensystems; die Bezeichnung **Transpluto** ist nicht mit Sicherheit zu bestimmen.

41,27 **Sirius:** ›Hundestern‹, hellster von der Erde aus beobachtbarer Stern.

41,29 **Kanopus:** zweithellster Stern am Fixsternhimmel, in Europa nicht sichtbar.

43,6 **Marianengraben:** tiefster Meeresgraben (11 022 m), der östlich an die Marianen-Inseln (32,12) anschließt.

53,24 **Kreisler:** Fritz Kreisler (1875–1962), österreichischer Geiger und Komponist populärer Musik.

57,9 **Cordon bleu:** (frz.) Schnitzel, das mit einer Scheibe Käse und gekochtem Schinken gefüllt ist.

Poulet à la broche: (frz.) Hähnchen vom Bratspieß.

58,3 **Andante:** ruhiges, mäßig langsames Musikstück.

62,29 **Entsprechungslehre:** Hinweis auf das »Korrespondenzprinzip« des dänischen Physikers Niels Bohr (1885–1962), der 1943–1945 in den USA an der Entwicklung der Atombombe mitarbeitete.

63,25 **Gavotte:** alter französischer Volkstanz.

5. WORT- UND SACHERLÄUTERUNGEN

64,30 **Eisler-Effekts:** Anspielung auf den »Doppler-Effekt« (Frequenzveränderung einer Schwingung in Abhängigkeit von der relativen Bewegung von Sender und Empfänger), den der österreichische Physiker Christian Doppler (1803–1853) beschrieb.

69,7 f./10 **einheitliche Theorie der Elementarteilchen / einheitliche Feldtheorie:** Theorie, die in der Lage wäre, alle zwischen Elementarteilchen, d.h. den kleinsten, nicht weiter zerlegbaren Teilchen der Materie ablaufenden Prozesse zu beschreiben.

69,12 **Weltformel:** populäre Formulierung des Begriffs der »einheitlichen Theorie der Elementarteilchen«. Im Gegensatz zur literarischen Wirklichkeit des Dramas hat die Wissenschaft diese ›Weltformel‹ noch nicht gefunden.

69,16 **en passant:** (frz.) im Vorübergehen, nebenbei.

69,22 **Kompendium:** knappe Darstellung eines Sachgebietes.

70,19 **Ästhet:** Freund des Schönen.

78,22 f. **trotz seines Basedows:** Basedowsche Krankheit, benannt nach dem Arzt Dr. Karl von Basedow (1799–1854); deutlichstes Symptom ist das Hervortreten der Augäpfel (Glotzaugen).

79,6 **Koryphäen:** bedeutende Persönlichkeiten, hervorragende Gelehrte, Künstler, Sportler u.a.

83,8 **Trust:** (engl.) straff organisierter Zusammenschluss von ehemals selbständigen Unternehmen.

85,6 **Andromedanebel:** spiralförmiges Sternsystem der Andromeda, eines Sternbilds am nördlichen Himmel, 1,7 Mill. Lichtjahre entfernt.

86,2 **Royal Society:** 1660 in England gegründete Einrichtung zur Förderung der Naturwissenschaften, deren Präsident Newton von 1703 an war.

5. WORT- UND SACHERLÄUTERUNGEN

86,5 **Hypotheses non fingo:** (lat.) Hypothesen erdichte ich nicht.

86,10 **zum Propheten Daniel:** *Buch Daniel*: Buch des ›Alten‹ (hebräischen) Testaments.

86,10 f. **zur Johannes-Apokalypse:** *Offenbarung des Johannes*, letztes Buch der Bibel.

86,23 f. **auf meine Empfehlung hin baute man die Atombombe:** Gedrängt von anderen Wissenschaftlern unterzeichnet Einstein 1939 eine Empfehlung an den amerikanischen Präsidenten Roosevelt für die Entwicklung von Atomenergie. Maßgebend war dabei die Annahme, dass Hitler-Deutschland bereits an der Atombombe baue und die ›freie Welt‹ sie zuerst haben müsse.

6. Interpretation

Entstehungshintergrund

Friedrich Dürrenmatt hat sich ein Leben lang mit Physik beschäftigt und den Umgang mit Physikern gesucht; über Albert Einstein hat er beispielsweise 1979 einen großen Vortrag gehalten. Ein früher Beleg solcher stofflichen Anregungen ist seine Rezension zu Robert Jungks Buch *Heller als tausend Sonnen*, die von der Schweizer Zeitung *Die Weltwoche* am 7. Dezember 1956 veröffentlicht wurde. Die Kritik von Jungks populärwissenschaftlichem Buch über die Atomforschung leitet eine gedankliche Auseinandersetzung mit der Physik ein, deren poetische Gestaltung fünf Jahre später mit dem Drama *Die Physiker* erfolgt. Durch das Buch wird die Frage des Stücks ausgelöst, »wie sich die Physiker in der heutigen Welt verhalten müssen«, angesichts ihres historischen »Versagens«, sich beim Bau der Atombombe »den Politikern und Militärs« ausgeliefert zu haben.[15] Auf das Theaterstück weist auch die These voraus, dass es keine Möglichkeit gebe, »Denkbares geheim zu halten«, weil »jeder Denkprozeß [...] wiederholbar« sei, andererseits das Denken »vielleicht überhaupt in Zukunft immer gefährlicher werden« kann.

Der zentrale Vorwurf Robert Jungks, dass der Bau der Atombombe bei internationaler Einigkeit der Wissenschaftler hätte verhindert werden können, taugt nur als moralische Kategorie, sein Realitätsgehalt lässt sich allenfalls, wie Dürrenmatts Stück dies tun wird, in der »Denkwelt« des Thea-

> Stoffliche Anregung

6. INTERPRETATION

ters durchspielen. Die Wirklichkeit entspricht eher dem Eindruck, von dem Dürrenmatt am Ende seiner Buchbesprechung redet: »daß all diese apokalyptischen Bomben nicht erfunden wurden, sondern sich selber erfunden haben, um sich, unabhängig vom Willen Einzelner, vermittels der Materie Mensch zu verwirklichen«[16].

Ganz unbeeindruckt ließ die bedrohliche Perspektive auch die Physiker selbst nicht. Es gab nachhaltige Bemühungen gegen den weiteren Bau von Atombomben, beispielsweise den »Göttinger Appell« von achtzehn deutschen Atomphysikern im Jahr 1957 oder die internationale Konferenz »Atome für den Frieden« 1958 in Genf. Es gab aber auch Überlegungen wie die des einflussreichen Philosophen Karl Jaspers von 1961, die eine harte Konfrontation des Westens gegenüber dem Osten befürworteten, in der Hoffnung, die Gefahr der totalen Selbstvernichtung würde die Menschheit zur Vernunft kommen lassen.

Ungeachtet der Frage, ob Jaspers' Argumentationen zutreffen, der Kalte Krieg, auf den sie sich beziehen, war unübersehbare Realität. Die weltpolitische Lage war geprägt von dem angespannten Verhältnis der Großmächte USA und Sowjetunion, das mehrfach, insbesondere im Korea-Krieg, der Kubakrise, dem Mauerbau in Berlin (13.8.1961) gefährliche Zuspitzungen erfuhr. Die atomare Konfrontation erschien in diesen Nachkriegsjahrzehnten jederzeit möglich, phasenweise sogar unausweichlich.

> Weltpolitische Lage

Realität und Fiktion

Die Geschichte von den drei Physikern Newton, Einstein und Möbius sowie dem Fräulein Doktor Mathilde von Zahnd, die Dürrenmatt mit seinem Stück auf die Bühne bringt, ist erfunden, sie ist ein »fingiertes Modell« von »mögliche[n] menschliche[n] Beziehungen«, weder »Wiedergabe der Welt« noch »Denken über die Welt«, sondern künstlerisches »Denken von Welten«.[17] Eine schrankenlose Freiheit gegenüber der Wirklichkeit ist damit freilich nicht gemeint. Vielmehr fordert Dürrenmatt ausdrücklich, die Fiktion müsse »auch die Realität in sich schließen, die ›mögliche Welt‹ [...] auch die ›wirkliche Welt‹ in sich enthalten«[18]. Er fordert den Rezipienten auf, in den Elementen und Strukturen der fingierten Welt die Verweisungszusammenhänge auf die wirkliche wahrzunehmen, »die Welt« in den von ihm entworfenen »möglichen Welten zu entdecken«[19]. Das heißt: Dürrenmatts Physiker-Geschichte kann als ein dramatisches Bild verstanden werden, das mit der tatsächlichen Welt zwar nicht identisch ist, von dem aus aber durch Analogie auf die Wirklichkeit geschlossen werden kann. Im Unterschied zu anderen Dramatikern vor und neben ihm, insbesondere zu Bertolt Brecht, geht Dürrenmatt nicht von einer realen Sachlage, beispielsweise einem historischen Ereignis, aus und übersetzt diese ins Bild. Er geht von einer dramatischen Konstellation aus, die in Distanz zur realen Wirklichkeit als »reines Theater« (Dürrenmatt) existiert.[20]

> Analogie der Wirklichkeit

Vor diesem dramentheoretischen Hintergrund ist nachvollziehbar, dass in Dürrenmatts Stück *Die Physiker* von der atomaren Bedrohung direkt nicht gesprochen wird, der Be zug zur zeitgeschichtlichen Realität gleichwohl durchgängig vorhanden ist. Sie scheint durch, wenn Newton den Inspektor fragt, ob er ihn verhaften wolle, weil er die Krankenschwester erdrosselt oder weil er die Atombombe ermöglicht habe (22). Sie scheint durch, wenn die Chefärztin einen Zusammenhang zwischen Newtons und Einsteins Krankheit und ihrer wissenschaftlichen Beschäftigung mit radioaktiven Stoffen andeutet (28). Geradezu greifbar aber wird sie, wenn Möbius, die Auswirkungen seiner Untersuchungen prüfend, zu dem »verheerenden Resultat« (69) kommt, dass »neue, unvorstellbare Energien […] freigesetzt und eine Technik ermöglicht« würde, »die jeder Beschreibung spottet« (69). Die derart beschworene »gefährliche« (74) Situation entspricht genau der zeitgeschichtlichen Bedrohung der Menschheit durch eine globale Technologie, die für Dürrenmatt in der Existenz der Atomwaffen gipfelt.

Der assoziative Bezug wird verdichtet in der das Stück beschließenden Vision einer radioaktiv verseuchten Erde, die Möbius in seiner angenommenen Identität als armer König Salomo ausspricht. Der – möglich gewordene – Untergang der Menschheit wird hierbei als Folge einer Überschreitung von Grenzen menschlicher Naturbeherrschung gedeutet und als Vermessenheit, als folgenreiche Hybris gebrandmarkt.[21] Salomo sagt von sich, er sei zunächst ein unermesslich reicher, weiser und gottesfürchtiger »Fürst des Friedens und der Gerechtigkeit« gewesen, dann aber habe seine Weisheit seine Gottesfurcht zerstört: »Und als ich Gott nicht mehr fürchtete, zerstörte meine Weisheit meinen Reichtum. Nun sind die Städte tot, über die ich regierte, mein Reich leer, das

> Kritik der menschlichen Hybris

> mir anvertraut worden war, eine blauschimmernde Wüste, und irgendwo um einen kleinen, gelben, namenlosen Stern kreist, sinnlos, immerzu die radioaktive Erde« (86f.).

Ambivalenz des Fortschritts

Die apokalyptische Vision am Ende des Stücks beschreibt jene Katastrophe, die der Physiker Möbius mit seinem mutigen Entschluss verhindern wollte. Er zog sich aus dem ›Leben‹ zurück, um der Menschheit ein humanes Dasein zu sichern. Im Glauben an den Sinn seines Handelns ist Möbius jedoch gescheitert. Sein Weg in die Isolation des Irrenhauses erweist sich als nicht gangbar, nicht nur, weil er Wissenschaft und Gesellschaft total auseinander führt, sondern vor allem, weil er dadurch den wissenschaftlichen Fortschritt mit all seinen unheimlichen Folgen nicht aufhalten kann. Der wissenschaftliche Elfenbeinturm, für den das Irrenhaus die Metapher abgibt, steht als Refugium nicht mehr zur Verfügung. Für sich allein kann der heutige Wissenschaftler, zumal der Naturwissenschaftler, mit den Problemen, die aus seiner Wissenschaft resultieren, nicht mehr fertig werden.

Möbius' Scheitern

Der neunte der *21 Punkte zu den Physikern* stellt das Scheitern des Protagonisten Wilhelm Möbius in den Traditionszusammenhang mit der Figur des antiken Ödipus. Die Nähe seines Stücks zu diesem Mythos, den der Dichter Sophokles mehr als vierhundert Jahre vor Christus in eine Tragödie gestaltete, hat Dürrenmatt noch mehrmals hervorgehoben. In einem Interview von 1987 sagt er, er habe mi den *Physikern* einen »umgekehrten Ödipus« schreiben wollen: »Ödipus erfährt vom Orakel, daß er seinen Vater töten und seine Mutter heiraten wird. Also flüchtet er. Er flüchtet aber in die falsche Richtung. Er flüchtet nach Theben, in die Welt. Der Physiker Möbius flüchtet vor der Erkenntnis, daß sein Wissen die Welt zerstören wird, in die richtige Richtung: ins Irrenhaus. Er verläßt die Welt. Aber am Ende führen beide Wege in die Katastrophe: Ödipus tötet seinen Vater und heiratet seine Mutter, Möbius kann das von ihm Gedachte nicht ungedacht machen.«[22]

> Umkehrung des antiken Ödipus

Möbius' Flucht, die ihn als modernen Ödipus erscheinen lässt, vermag nicht zu verhindern, dass der wissenschaftliche Fortschritt in die Katastrophe führt. Dieser Kernpunkt des Stücks basiert auf Dürrenmatts Überzeugung, dass der Fortschritt zwangsläufig ein menschenunfreundlicher Weg ist, ein »Fortschreiten von der Menschheit weg«[23], wie dies Galilei in Brechts Stück seinem Schüler Andrea prophezeite. Dass der wissenschaftliche Fortschritt auch Chancen zum Wohle des Menschen bereit hält, wird nur mehr als retrospektive Einsicht anerkannt, die jedoch das tatsächliche Versagen und Scheitern nicht mehr aufzuheben vermag.

Die Schlussmonologe des Stücks sprechen die beklemmende Ambivalenz des Fortschritts aus.[24] Newton und Einstein stehen hier nicht nur für historische Personen, sondern mehr noch für geschichtliche Stufen der Physik und ihrer Wirkungen. Newton repräsentiert die ›klassische Physik‹, deren Begründung sich in besonderer Weise an seinen Namen knüpft und die zwei Jahrhunderte in Geltung blieb. Einstein steht für die moderne Atomphysik. Was die beiden von sich sagen, entspricht den geschichtlichen

> Ambivalenz des wissenschaftlichen Fortschritts

Tatsachen. Aber im Nebeneinander ihrer Äußerungen erkennt man zugleich die fortschreitende Entfaltung einer Problemlage. Der geschichtliche Newton hatte noch Anlass, an positive Wirkungen der Wissenschaft zum Wohle der Menschen zu glauben. Zur Zeit Einsteins wird die scheinbar rein theoretische Kompetenz einer vermeintlich wertneutralen Wissenschaft durch die bedrohlichen Folgewirkungen des wissenschaftlichen Fortschritts Lügen gestraft: Einsteins Entdeckung wurde nicht nur die Grundlage für die friedliche Nutzung der Atomenergie, sondern auch der Ausgangspunkt für den Bau von Atomwaffen. Die Wissenschaft wird mit einer sozialen Verantwortung konfrontiert, die sie aus ihrem Raum ausgeklammert hatte. Einsteins Aussage: »Ich liebe die Menschen und liebe meine Geige, aber auf meine Empfehlung hin baute man die Atombombe« (86) wird zum Indiz der Hilflosigkeit und des sozialen Versagens.

Möbius steht für keine historische Figur, in seinem Monolog wird der wissenschaftlich-technische Fortschritt auf eine fingierte Zukunft weitergedacht, weitergeführt zu jener »schlimmstmögliche[n] Wendung«, mit der die Geschichte der drei Physiker endet. Der Schluss des Stücks nimmt in der dramatischen Fiktion als bereits geschehen vorweg, was in der zeitgeschichtlichen Realität des Kalten Krieges ständig befürchtet werden muss. Das Drama stellt dar, »was wahrscheinlicherweise geschähe, wenn sich unwahrscheinlicherweise etwas Bestimmtes ereignen würde.«[25] Die dem König Salomo von Möbius in den Mund gelegte Vision erscheint als nur allzu berechtigte Warnung vor der totalen Vernichtung der Menschheit, die ein atomarer Krieg bewirken würde.

Antizipation der Realität

Dürrenmatts Blick in seine Gegenwart und Zukunft ist skeptisch, fast pessimistisch. Das Problem der atomaren Bedrohung hat seiner Beurteilung nach derart globale Dimensionen angenommen, dass er eine Lösung, wenn überhaupt, auch nur auf globalem Weg für möglich hält. Das Vernichtungspotential der Atombombe bewirkt nicht nur im einzelnen Menschen das Grundgefühl, politisch ohnmächtig zu sein; auch der einzelne Staat ist macht- und bedeutungslos geworden, es gibt »nur noch eine durch die gemeinsame Bedrohung verwobene Menschheit und durch die gemeinsame Bedrohung verwobene Staaten«[26].

Diese in Dürrenmatts Mannheimer Schiller-Rede von 1959 ausgeführte Argumentation[27] bildet den Hintergrund für den 17. Punkt der *21 Punkte zu den Physikern*: »Was alle angeht, können nur alle lösen« (92), der im 18. Punkt noch durch die Aussage ergänzt wird: »Jeder Versuch eines Einzelnen, für sich zu lösen, was alle angeht, muss scheitern« (93). Im Stück verleiht die Figur des Physikers Wilhelm Möbius dieser These bühnenwirksamen Ausdruck. Die kleine, in sich geschlossene Welt des Irrenhauses, in das Möbius sich freiwillig zurückzieht, um sein Wissen vor machtpolitischer Ausbeutung zu schützen, fungiert entsprechend als Modell der großen, »aberwitzig gewordenen Welt, deren Fortschritte nicht zu größerer Freiheit, sondern zu tödlichen Abhängigkeiten geführt haben«[28].

»Weltmodell« Irrenhaus

Wirkungsabsicht

Die Darstellung der Katastrophenvison löst die Frage aus, was Dürrenmatt mit seinem Stück bewirken will, welche Lehren der Zuschauer aus ihm zu ziehen hat. Sind »Resignation, Pessimismus, gar Fatalismus« beabsichtigt? Soll er »mit dem Gefühl der Ohnmacht nach Hause gehen, hoffnungslos und vereinsamt auf sich selber zurückgeworfen? Wäre also Verzweifeln über den Weltzustand das äußerste Maß emotiven Aufbegehrens, welches das Stück hervorruft und zuläßt?«[29] Dürrenmatt hat sich diese Fragen selbst auch gestellt. In seinem Essay *Theaterprobleme* gibt er zu bedenken: »Nun liegt der Schluß nahe, die Komödie sei der Ausdruck der Verzweiflung, doch ist dieser Schluß nicht zwingend. Gewiß, wer das Sinnlose, das Hoffnungslose dieser Welt sieht, kann verzweifeln, doch ist diese Verzweiflung nicht eine Folge dieser Welt, sondern eine Antwort, die man auf diese Welt gibt.«[30] Genauso gut könne aus der Hoffnungslosigkeit aber auch das »Nichtverzweifeln« des »mutigen Menschen« hervorgehen, der der Welt entgegentrete und in seiner Brust die »verlorene Weltordnung« wieder herstelle, der vor ihr nicht kapituliere, auch wenn sie ein »Rätsel an Unheil« sei.[31]

> Verzweifeln oder nicht verzweifeln

Dürrenmatt legt sich nicht nach einer Seite hin fest, er hält unterschiedliche Antworten auf die schwierigen Fragen für möglich, die sich aus einer »gewaltigen«, »grausamen«, »dubiosen« und »vor allem viel zu undurchsichtigen« Wirklichkeit[32] ergeben. Er gibt aber auch dem Zuschauer nicht vor, wie die Geschichte hätte anders, d.h. ›richtig‹ laufen können. Dramatische Parabeln, die Lösungen präsentieren, hatte Bertolt Brecht auf die Bühne gebracht, weil er die

6. INTERPRETATION 41

menschliche Wirklichkeit für veränderbar hielt und dem Theater die Fähigkeit zutraute, die Zuschauer zu eingreifendem Handeln zu motivieren, das heißt, sie zu Maßnahmen zu veranlassen, die ihre eigene Realität verbessern. Dürrenmatt glaubt an diese Wirkungsmöglichkeit des Theaters so wenig wie er auf die Veränderungsfähigkeit des Menschen vertraut. Im besten Falle gelinge ihm, den Zuschauer zu »beunruhigen«, »im seltensten«, ihn zu »beeinflussen«, »verändern« aber könne er ihn nie.[33]

> *Beunruhigung des Zuschauers*

Zwar deuten die Aussagen der *21 Punkte zu den Physikern:* »Was alle angeht, können nur alle lösen« (Punkt 17) und: »Jeder Versuch eines Einzelnen, für sich zu lösen, was alle angeht, muß scheitern« (Punkt 18) eine Denkrichtung an, die den Überzeugungen eines Bertolt Brecht durchaus nicht fern ist;[34] im Stück selbst wird aber der hier vernehmbare Appell, aus der Darstellung des Scheiterns Konsequenzen zu ziehen, nicht ausformuliert. Es bleibt ganz dem Zuschauer überlassen, wie er darauf reagiert. In der 21. These zu den *Physikern* formuliert Dürrenmatt seine Wirkungsabsicht so: »Die Dramatik kann den Zuschauer überlisten, sich der Wirklichkeit auszusetzen, aber nicht zwingen, ihr standzuhalten oder gar sie zu bewältigen« (93).

> *Überlistung des Zuschauers*

Dürrenmatt will nur die Diagnose dieser Wirklichkeit erstellen, jedoch keine Therapien vorschlagen. Allein in diesem eingeschränkten Sinne ist das Physiker-Stück engagiertes Theater.[35] Dürrenmatts Dramatik zielt auf den »denkenden«, den »nachdenkenden« Zuschauer[36], den das ihm dargebotene Katastrophen-Modell herausfordert, sich selbst zu befragen und selber die Aussage zu

> *Diagnose der Wirklichkeit*

bestimmen: »Da man dem Publikum nicht vorschreiben kann, wie es denkt und fühlt, muß man Konstellationen schaffen, die eine Herausforderung darstellen. [...] Ich kann den Zuschauer nie von der Verpflichtung entbinden, nachdenken zu müssen.«[37] Die Komödie wird nur dann »zur Aufklärung über die Gegenwart, sofern sie der Zuschauer dazu macht«[38].

Das Groteske und das Paradox als Wirkungselemente

Der Anspruch Dürrenmatts an den »denkenden« Zuschauer ist hoch. Er weiß, dass das Publikum eigentlich »Hilfe« sucht, dass es, von Zeitfragen und von Furcht bedrängt, »Antworten«[39] erhofft. Trotzdem betont er, unter Berufung auf die Begrenztheit der Kunst, nur dem »eine Antwort auf seine Fragen geben« zu können, »der diese Antwort selbst findet«[40].

Die Gefahr, dass sich der Zuschauer enttäuscht von seinem »Spiel mit der Wirklichkeit«[41] abwenden könnte, weil ihm keine Deutung angeboten wird, ist ihm aber durchaus bewusst. In der *Standortbestimmung zu Frank der Fünfte* stellt er folgende Überlegung an: »Der Vorteil der alten Dramatik lag in ihrer Wirksamkeit; da sie die Welt so sah, wie sie sie darstellte, konnte sie auch unmittelbar Stellung nehmen. Gesellschaftlich orientiert, war sie politisch wirksam [...]. Sie deutete die Welt, und das Publikum will sich die Welt deuten lassen. Die Gefahr einer anders konzipierten Dramatik liegt in ihrem Hang, ins Leere zu stoßen, sich bloß im Ästhetischen oder bloß Geistreichen zu verlieren.«

Gefahr, ins Leere zu stoßen

6. INTERPRETATION

Um dieser Gefahr zu entgehen, um den Zuschauer zu bewegen, ja zu provozieren, sich der Wahrheit auszusetzen, die sich im fiktionalen dramatischen Spiel spiegelt, wählt Dürrenmatt die Komödienform. Die Komödie schafft überhaupt erst die Voraussetzung für Antworten, indem sie nämlich Distanz herstellt zum Gezeigten, zu den Inhalten, die sie organisiert.[42] Nur aufgrund dieser Distanz vermag der Zuschauer Lösungsmöglichkeiten zu bedenken und zu Kritik und möglicherweise sogar zu Alternativen zu gelangen.

> Komödie schafft Distanz zum Gezeigten

Wichtigste Stilmittel sind dabei das Groteske und das Paradox. Sie werden in den *Physikern* beispielsweise augenfällig in dem überraschenden Umschlag von komödiantischem Spiel zum tödlichen Ernst, der sich am Ende des ersten Aktes vollzieht, in dem unvereinbaren Miteinander von Mord und Geigenspiel oder in der Parallelität von physikalischer Weltformel und Irrenanstalt. Sie kommen zum Ausdruck, als Möbius den Weltraumfahrerpsalm anstimmt und dadurch ebenso krass die »innige« (39) Buxtehude-Intonierung der Blockflöten spielenden »Buben« unterbricht wie das biblische Hohe Lied parodiert. Am offensichtlichsten aber begegnet das Groteske in der Figur der Chefärztin Mathilde von Zahnd. Schon allein ihre missgebildete äußere Erscheinung wirkt lächerlich-furchteinflößend, vollends absonderlich ist aber, dass ausgerechnet diese wahnsinnige Irrenärztin Auslöser der »schlimmstmöglichen Wendung« im Stück wird. Paradoxerweise legt aber erst diese Umkehr des Geschehens offen, wie grotesk auch Möbius' scheinbar planmäßig-vernünftiges Handeln ist.

> Groteske und Paradox als Stilmittel

6. INTERPRETATION

Durch die »schlimmstmögliche Wendung« erreicht Dürrenmatt »auf einem merkwürdigen Umweg über das Negative das Ethische: Die Konfrontierung einer gedanklichen Fiktion mit dem Existentiellen«[43]. Darum ist das groteske Spiel, wie es auch der zehnte Punkt der *21 Punkte* besagt, nicht sinnlos wie das Absurde, das jeglichen Sinn abweist, es deckt vielmehr den Sinn des Wahnsinns in dem Physiker-Drama auf. Die Quintessenz des Stücks könnte lauten: »Der Sinn der Wissenschaften, ihre Vernunft, [...] führt in den Wahnsinn, und dieser Wahnsinn hat auch noch Methode.«[44]

7. Ausformung der Thematik durch andere Autoren

Im deutschen Drama der Gegenwart finden sich vier Stücke mit einer ähnlichen Thematik wie *Die Physiker*: Vorher entstanden sind Bertolt Brechts *Galilei* (1938–55), Carl Zuckmayers *Das kalte Licht* (1955) und Hans Henny Jahnns *Der staubige Regenbogen* (1961), danach Heinar Kipphardts Dokumentarstück *In der Sache J. Robert Oppenheimer* (1964). Während die Physikerdramen Zuckmayers und Jahnns allenfalls noch literaturhistorisch interessant sind, kann ein Vergleich mit den beiden anderen, insbesondere mit dem Drama Brechts, erhellende Einsichten zum Verständnis von Dürrenmatts *Die Physiker* beitragen.

Brecht dramatisierte in seinem Stück das Leben des italienischen Mathematikers und Physikers Galileo Galilei (1564–1642), um an seiner Person die Frage der Verantwortung des Wissenschaftlers gegenüber der Gesellschaft zu durchdenken. Galilei hatte 1632 das Werk *Dialoge* (ital. *Discorsi*) veröffentlicht, in dem er die Richtigkeit des heliozentrischen Weltbildes von Nikolaus Kopernikus (1473–1543) vertrat. Er war wegen dieser Lehre, die das bis dahin gültige Weltbild des Ptolemäus (ca. 85–160) ablöste, in offenen Gegensatz zur Kirche geraten, wurde 1633 vor das Inquisitionsgericht gestellt, zum Widerruf gezwungen und unter unbefristeten Hausarrest gestellt. Dort verfasste er die *Unterredungen und mathematischen Demonstrationen*, sein für den Fortgang der neuen Physik wichtigstes Werk.

Der historische Galilei

Brecht hat von seinem Galilei-Stück drei Fassungen geschrieben, die unterschiedliche Akzente setzen. Die erste entstand 1938/39 im dänischen Exil, angetrieben vom Erschrecken über die Nachricht, dass deutschen Physikern die Spaltung des Uran-Atoms gelungen war. Denn dies bedeutete, dass die Voraussetzung für die Entwicklung der Atombombe geschaffen war, mit deren Bau die Machthaber des Dritten Reiches über ein ungeheures Vernichtungspotential verfügen würden. In dieser weltpolitischen Situation wollte Brecht an einem als vorbildhaft gemeinten Verhalten zeigen, dass nur der Wissenschaftler verantwortlich handele, der dem Druck der Staatsmacht durch vorgetäuschte Unterwerfung begegne: Der Galilei seines Stücks widerruft zwar seine Lehre, er forscht und schreibt aber in der Verbannung weiter und sorgt dafür, dass sein Werk über die Grenze kommt. Für die deutschen Atomphysiker war dies als Appell gemeint, ihr Wissen auch ans Ausland weiterzugeben, um das wissenschaftliche und damit auch das politische Gleichgewicht zu gewährleisten.

Unter dem Eindruck der Atombombenabwürfe auf die japanischen Städte Hiroshima und Nagasaki im Jahre 1945 hielt es Brecht dann aber nicht länger für möglich, Galileis Widerruf als kluge List zu deuten. Er überarbeitete deshalb sein Stück noch während des amerikanischen Exils und stellte nun »den Konflikt des Galilei mit der Obrigkeit in ein neues, schärferes Licht«[45]. Die Fragen nach der Verantwortung gegenüber den Ergebnissen seiner Arbeit und nach der Schuld des Wissenschaftlers rückten deutlich in den Vordergrund. In der dritten Fassung,[46] deren Uraufführung im Januar 1957 durch das Berliner Ensemble er selbst nicht mehr erlebte, verstärkte Brecht diese Tendenz noch. Er führte nun einen Wissenschaftler vor, den nur seine Forschungsarbeit, nicht aber die gesellschaftlichen Folge

> Galileis Schuld im Drama von Bertolt Brecht

7. DIE THEMATIK BEI ANDEREN AUTOREN 47

wirkungen seiner Erkenntnisse interessieren. Dieser Galilei wurde schuldig, weil er mit seinem Widerruf seiner sozialen Verantwortung nicht gerecht geworden ist. Durch seine Unterwerfung unter die durch die Kirche repräsentierte Macht wurde die Wissenschaft für Jahrhunderte isoliert und damit prinzipiell der Verfügungsgewalt der Herrschenden ausgeliefert: »Ihre öffentliche Kontrolle war nicht mehr gewährleistet, weil die wenigsten verstehen konnten und durften, was die Wissenschaftler aushecken. Aus dem Dienst an der Wahrheit war Unterwerfung unter ihre interessengebundene Ausbeutung geworden.«[47]

Allerdings war Brecht auch wichtig zu zeigen, dass Galilei sich rückblickend in intensiver Selbstkritik übt, weil er begriffen hat, dass sein Widerruf ein Verrat war, der Konsequenzen für sein Ethos als Wissenschaftler haben musste. Gegenüber seinem Schüler Andrea, der die neue Wissenschaftlergeneration verkörpert und die *Discorsi* über die Grenze bringen wird, erklärt er: »Hätte ich widerstanden, hätten die Naturwissenschaftler etwas wie den hippokratischen Eid der Ärzte entwickeln können, das Gelöbnis, ihr Wissen einzig zum Wohle der Menschheit anzuwenden!«[48]

> Ethische Selbstverpflichtung der Wissenschaftler

Am Ende lässt Brecht Galilei zu Andrea sagen: »Ihr mögt mit der Zeit alles entdecken, was es zu entdecken gibt, und euer Fortschritt wird doch nur ein Fortschreiten von der Menschheit weg sein. Die Kluft zwischen euch und ihr kann eines Tages so groß werden, daß euer Jubelschrei über irgendeine neue Errungenschaft von einem universalen Entsetzensschrei beantwortet werden könnte.«[49]

Diese Zukunftsvision richtet sich zweifelsohne unmittelbar an die Adresse des Publikums und warnt es vor dem

7. DIE THEMATIK BEI ANDEREN AUTOREN

Missverständnis, Galileis Verhalten als einen einmaligen historischen Fall zu betrachten. Brecht konfrontiert das Publikum vielmehr mit einem dramatischen Modell, in dem ein »Problem von historisch übergreifender Qualität«[50] sichtbar wird. Die Selbstkritik, die er seinen Protagonisten üben lässt, ist dabei mit seiner eigenen Kritik am Versagen der modernen Wissenschaft vor den politischen Herausforderungen der Zeit identisch. Sie ist allerdings in dieser Form nur deshalb möglich, weil Brecht noch an die individuelle Verantwortung des einzelnen Forschers und an den Fortschritt der Menschheit durch die Wissenschaft glaubt. In dieser Intention lässt er seinen Galilei sagen: »Ich halte dafür, daß das einzige Ziel der Wissenschaft darin besteht, die Mühseligkeit der menschlichen Existenz zu erleichtern.«[51]

> Brechts Fortschrittsglaube

Dürrenmatts Möbius hingegen kann diesen Optimismus nicht mehr mitvollziehen. Er fordert die Physiker auf, ihr Wissen zurückzunehmen, weil es für sie nur noch die Kapitulation vor der Wirklichkeit gebe: »Sie ist uns nicht gewachsen. Sie geht an uns zugrunde« (74). Für sich hat Möbius bereits die Konsequenz aus dieser Einsicht gezogen: Er verweigert sich und seine Wissenschaft jeglicher Indienstnahme und geht, als Ausdruck einer höheren, ja höchsten Vernunft, bis zur Selbstverleugnung seines Verstandes.[5] Nur: Wie das Stück lehrt, nützt Möbius das alles nicht mehr. Er verfügt nur scheinbar über die Freiheit, sein Wissen vor der Ausbeutung durch die Mächtigen zurückzuziehen. Tatsächlich versklavt die Irrenärztin Mathilde von Zahnd nicht nur sein Wissen, sondern auch ihn selbst, indem sie das Irrenhaus in ein Gefängnis verwandelt, aus dem es kein Entrinnen mehr gibt. Sein höchst anerkennenswer ter moralischer Entschluss erweist sich darum am Ende als sinnlos. Da der Irrsinn selbsttätig läuft, hat der Einzelne, wie mutig er immer handeln möge, keine Eingriffsmöglichkeit mehr. »Der Verstand ist so obsolet geworden wie die Vernunft, die ihm den Weg noch zu weisen versucht.«[53]

Dürrenmatt teilt Brechts optimistische Sicht, dass der Mensch die Welt verändern könne und müsse, nicht mehr. Er setzt ihr in seiner Rede anlässlich der Verleihung des Schillerpreises im Nationaltheater Mannheim am 9. November 1959 die Auffassung entgegen, für den Einzelnen bleibe nur »die Ohnmacht, das Gefühl, übergangen zu werden, nicht mehr einschreiten, mitbestimmen zu können, unterzutauchen, um nicht unterzugehen«[54]. Freiheit existiere zwar als »Grundbedingung des Menschen« immer, aber sie manifestiere sich »nur in der Kunst rein«, das Leben kenne »keine Freiheit«[55].

Möbius hat, auch wenn es anfangs danach aussieht, den freien Entscheidungsspielraum nicht mehr, den Brecht seinem Galilei noch zubilligt und von dem her er den Verratsvorwurf begründet. Die »schlimmstmögliche Wendung« in den *Physikern* bringt diesen entscheidenden Unterschied zu Brechts *Galilei* signifikant zum Ausdruck. Brecht demonstriert am ›Fall‹ Galilei in dialektischer Argumentationsweise seine Überzeugung, dass der wissenschaftliche Fortschritt nicht aufhaltbar, der Ablauf der Geschichte rational beeinflussbar und die gesellschaftlichen Verhältnisse veränderbar sind. Dürrenmatt zeigt demgegenüber am ›Fall‹ Möbius, dass der wissenschaftliche Fortschritt verhindert werden muss, weil für ihn Chaos und Zufall allein den Geschichtsprozess regieren und somit die aus dem Fort-

> Dürrenmatts »Zurücknahme Brechts«

schritt resultierende Katastrophe nicht verhinderbar ist. In dem – wenn auch gescheiterten – Versuch, das einmal Gedachte zurückzunehmen, ist Möbius ein Anti-Galilei, sind *Die Physiker* eine »Zurücknahme Brechts«[56].

Den durchaus tragisch zu nennenden Konflikt des modernen Naturwissenschaftlers zwischen zweckfreier Forschung und politisch-militärischer Aneignung der Ergebnisse thematisiert erneut, zwei Jahre nach Dürrenmatt, Heinar Kipphardts Stück *In der Sache J. Robert Oppenheimer*. Sein Ausgangspunkt ist der authentische Fall des amerikanischen Physikers Oppenheimer, des ›Vaters der Atombombe‹, der sich 1954 vor der Atomenergiekommission der Vereinigten Staaten dem Vorwurf zu stellen hatte, ein verkappter Sowjetagent zu sein.

> Der Preis wissenschaftlicher Forschung

Das auf der Grundlage der Verfahrensprotokolle verfasste Dokumentarspiel diskutiert das Verhältnis von Freiheit und Verantwortung, Schuld und Loyalitätsverpflichtung eines Forschers. Während der Repräsentant der Atomenergiekommission die Auffassung vertritt, dass »unsere Freiheit ihren Preis«[57] hat, formuliert Oppenheimer das Dilemma der Physiker, dass sie »niemals so viel Bedeutung hatten« und dass sie »niemals so ohnmächtig waren«[58]. Oppenheimer zieht in dem Dokumentarstück am Schluss für sich die Konsequenz, an Kriegsprojekten nicht mehr mitarbeiten und sich stattdessen wieder ausschließlich der Forschung widmen zu wollen. Dieser Entschluss erscheint als mutiger und allein sinnvoller Schritt eines Wissenschaftlers, der seine Verantwortung gegenüber der Menschheit kennt. Er bleibt aber mit der ganzen Problematik behaftet, die schon in den Werken Brechts und Dürrenmatts begegnet.

8. Autor und Zeit

Dürrenmatts erster Berufswunsch war es, Maler zu werden, doch auch die Lust zu schreiben war früh vorhanden. Während er noch zwischen beiden künstlerischen Ausdrucksweisen schwankte, kam für ihn »wie eine Explosion die Entdeckung des Dramas: eine Form als Verbindung zwischen Malerei und Schreiben«[59]. Damit war die Entscheidung gefallen, zugleich aber die Schwierigkeit gekommen, »wie man nun als Schriftsteller Geld verdient«[60]. Dürrenmatts erste Jahre als freier Schriftsteller standen sehr »im Zeichen bedrohlicher finanzieller Unsicherheit«[61]. Um den Lebensunterhalt zu bestreiten, arbeitete er eine Zeitlang als Grafiker und Zeichner, später auch als Theaterkritiker und Kabarett-Texter. Das Zeichnen gab er nie mehr auf; viele seiner literarischen Stoffe und Motive hat er auch in Zeichnungen und Bildern gestaltet. Ebenfalls aus finanziellen Gründen schrieb er für die Zeitschrift *Der Schweizerische Beobachter* in den Jahren 1950/51 in Fortsetzungen die beiden Kriminalromane *Der Richter und sein Henker* und *Der Verdacht*, die heute zu seinen bekanntesten Werken gehören. Auch dem Genre des Kriminalromans ist er lebenslang treu geblieben, weil es ihm eine attraktive Möglichkeit bot, das Thema Recht und Gerechtigkeit, das ihn lebenslang beschäftigte, auf unkonventionelle Weise zu gestalten.

> Schriftstellerische Anfänge

Im Zentrum von Dürrenmatts literarischer Arbeit stand jedoch – wie erwähnt – von Anfang an das Drama und das Theater, dem er mit der Form der grotesken Komödie eine eigene Ausprägung gab. »Mit der ersten Fassung seines Wie-

> Vorrang der Theaterarbeit

dertäufer-Stücks hatte« er, »damals sechsundzwanzig Jahre alt, seine erste Uraufführung; mit einunddreißig war er durch seine *Ehe des Herrn Mississippi* berühmt; mit fünfunddreißig Jahren durch seinen *Besuch der alten Dame* weltberühmt«[62]; und mit einundvierzig erreichte er mit den *Physikern* den Höhepunkt seines Schaffens. Der Erfolg, den er mit diesen Stücken hatte, blieb ihm jedoch nicht immer treu. In späteren Schaffensphasen musste er auch harte Niederlagen hinnehmen; die Resonanz bei Theaterpublikum und Kritik nahm ab, wendete sich gar in Ablehnung und veranlasste ihn schließlich zum völligen Rückzug vom Theater.

Ein Grund für diese Entwicklung dürfte Dürrenmatts Experimentierfreude gewesen sein, mit der er nicht selten die Aufnahmebereitschaft überforderte. Auch mit den literarischen Gattungen und Formen ging Dürrenmatt sehr unorthodox um. Oft probierte er spielerisch aus, was herauskam, wenn er an einem literarischen Modell ein Element änderte. Viele seiner Stoffe hat er deswegen nacheinander und nebeneinander in mehrfachen Varianten erprobt, etwa als Erzählung, Hörspiel, Drehbuch oder Theaterstück.

> *Experimentierfreude*

Ungeachtet seiner Komplexität und Vielfalt zeigt das Werk thematisch aber durchgängige, konstante Züge. Die wichtigsten sind: »Das Interesse zugleich an Aufklärung und an Markierung der Grenzen des Wissensmöglichen, das Erlebnis der Ohnmacht des einzelnen, der nichtsdestoweniger der Repräsentant der ›Freiheit‹ ist die Erfahrung der Welt als eines undurchschaubaren Labyrinths, das Bemühen, Distanz zu ihr zu gewinnen, sich zu behaupten durch Erdenken einer Gegenwelt, die Abweh

> *Thematische Konstanten im Werk*

von Verzweiflung und Zynismus zugunsten des sog. ›Humors‹, eines Gelächters, das zugleich Hohn- und Trauergelächter ist.«[63] Die Ambivalenz dieser Konstanten zeugt von der inneren Widersprüchlichkeit, die sich bei Dürrenmatt oft findet. Statt Eindeutigem begegnet Paradoxes – in der Bedeutung, die der 19. Punkt der *21 Punkte zu den Physikern* formuliert: »Im Paradoxen erscheint die Wirklichkeit« (93).

Mit nicht wenigen anderen Gegenwartsautoren stimmte Dürrenmatt in dem Befund überein, dass sich »die menschliche Gattung, unfähig der Vernunft zu folgen«, in einer Krise befindet.[64] Der »Gestus des Warnens« und die im Alter immer entschiedenere »apokalyptische Sicht auf den Planeten«[65] ergaben sich hieraus fast zwangsläufig. Es wäre allerdings unzutreffend, Dürrenmatt deswegen auf die Position des resignativen Pessimisten festlegen zu wollen. Zu seiner Persönlichkeit, wie sie sich in seinem künstlerischen Werk und in seinen theoretischen Äußerungen spiegelt, gehört auch der Glaube an Möglichkeiten »furchtloser Vernunft«[66], die vor der Verzweiflung rettet. Das *Physiker*-Stück verkörpert ihn im Handeln des ›mutigen‹ Naturwissenschaftlers – trotz dessen Scheiterns.

Zwischen Verzweiflung und Mut

Kurzbiographie

1921 Friedrich Dürrenmatt wird am 5. Januar in Konolfingen im Kanton Bern geboren.
1941–1945 Studium der Literaturwissenschaft, Philosophie und Naturwissenschaft in Zürich und Bern.

Friedrich Dürrenmatt in den siebziger Jahren
Foto: Fritz Eschen
© Ullstein Bilderdienst, Berlin

1946 Heirat mit der Schauspielerin Lotti Geissler, Umzug nach Basel.
1952 Bezug eines Hauses in Neuchâtel, das der feste Familiensitz der Dürrenmatts und ihrer drei Kinder wurde.
1968/1969 Mitdirektor am Baseler Theater.
1980 Erste Werkausgabe in 30 Bänden erscheint (gebunden im Verlag Arche, als Taschenbuch im Diogenes-Verlag).
1984 Heirat mit der Schauspielerin, Filmemacherin und Journalistin Charlotte Kerr. Dürrenmatts Frau Lotti war im Januar 1983 gestorben.
1990 Friedrich Dürrenmatt stirbt am 14. Dezember in seinem Haus in Neuchâtel.

Werktabelle

1945 *Der Alte*. Erste, in der Tageszeitung *Der Bund* veröffentlichte Erzählung Dürrenmatts.
1947 *Es steht geschrieben*. Erstes Drama Dürrenmatts. Es stellt die Geschichte Johann Bockelsons dar, der sich im 16. Jahrhundert in Münster zum König der Wiedertäufer erhob und nach einer kurzen, von Ausschweifungen geprägten Herrschaft als Irrlehrer zum Tode verurteilt wurde. Die 1967 uraufgeführte überarbeitete Fassung hat den Titel *Die Wiedertäufer*.
1949 *Romulus der Große. Ungeschichtliche historische Komödie*. Der letzte Kaiser des weströmischen Reiches, dem jegliches Heldentum fremd ist, verteidigt sein Imperium nicht gegen die Germanen und verzichtet freiwillig auf seine Macht.

8. AUTOR UND ZEIT

1950 *Der Richter und sein Henker. Kriminalroman* über die Aufdeckung des Mordes an einem Polizeioffizier. Dieser Mord ist das letzte von zahlreichen Verbrechen, die durch eine Wette zwischen dem Kommissar Bärlach und dem Abenteurer Gastmann über die Aufklärbarkeit von Verbrechen ausgelöst wurden.

1951 *Der Verdacht. Kriminalroman*, in dem Kommissar Bärlach den inzwischen hoch angesehenen Dr. Emmenberger als den berüchtigten Arzt Nehle entlarvt, der während des »Dritten Reichs« im Konzentrationslager Stutthof ohne Narkose operierte.

1952 *Die Ehe des Herrn Mississippi. Komödie* über drei Weltverbesserer, unter ihnen der Staatsanwalt Florestan Mississippi, die, wie Motten um die Kerzenflamme, um die Witwe Anastasia kreisen und von ihr vernichtet werden.

Der Tunnel. Herausragende *Erzählung* in dem Band *Die Stadt*, der Dürrenmatts frühe Prosa enthält. Ein Zug fährt in einen Tunnel, aus dem es kein Entrinnen mehr gibt. Der Zug stürzt ins Erdinnere, ins Dunkel, zu Gott.

1953 *Ein Engel kommt nach Babylon. Komödie.* Weil er unfähig ist, der Macht zu entsagen und arm zu werden, verliert König Nebukadnezar das von einem Engel als »Gnade des Himmels« auf die Welt gebrachte Mädchen Kurrubi an den Bettler Akki. Aus verletztem Stolz lässt er den babylonischen Turm erbauen.

1954 *Theaterprobleme.* Essay, in dem Dürrenmatt sein Komödientheorie darlegt.

1955 *Grieche sucht Griechin. Prosakomödie.* Arnolph Archilochos, ein hässlicher und dummer Spießer, lernt per Inserat die Dirne Cloé kennen, die sich ins Familienleben zurückziehen will. Ihre früheren Kunden, hochgestellte Persönlichkeiten, fördern aus nachträglicher Dankbarkeit ihren Verlobten: Der Trottel wird Generaldirektor und Weltkirchenrat.

1956 *Der Besuch der alten Dame. Tragische Komödie* über die Verführbarkeit der Menschen durch Geld und Konsum. Die amerikanische Multimillionärin Claire Zachanassian kehrt nach Güllen zurück, um sich zu rächen. Sie bietet der Stadt mit Erfolg eine Milliarde für die Ermordung des Mannes, der sie als junges Mädchen betrogen hat.

1957 *Es geschah am hellichten Tag.* Filmerzählung und Drehbuch zu einem Film über den Sexualmord an einem Kind. Dasselbe Thema verarbeitet Dürrenmatt 1958 in dem Roman *Das Versprechen.* Im Unterschied zum Film wird das Verbrechen im Roman nicht aufgeklärt, weil der Kindermörder vorher tödlich verunglückt.

1959 *Frank der Fünfte. Oper einer Privatbank*, die das Geschäftsgebaren der Finanzwelt parodiert. Frank der Fünfte ist Direktor einer traditionsreichen »Gangsterbank«, die vor dem Bankrott steht. Seine Söhne schließen ihn im Geldschrank ein, wo er verhungert. Sie werden die Bank wieder flott machen – mit normalen Geschäften. Mit ihnen ist mehr Geld zu verdienen als mit Verbrechen.

1962 *Die Physiker. Komödie.*

1963 *Herkules und der Stall des Augias. Komödie*, die aus dem Hörspiel von 1954 entwickelt wurde. Herkules kommt nicht zur Ausmistung des Augias-Stalles, weil die Bürokratie jede Aktion schon im Ansatz verhindert.

8. AUTOR UND ZEIT

1966 *Der Meteor. Nobelpreisträgerstück.* Während rings um ihn Menschen sterben, gelingt dem berühmten Schriftsteller und Nobelpreisträger Wolfgang Schwitter nicht zu sterben. Er ist dazu verurteilt, immer wieder vom Tode aufzustehen.

1969 *Play Strindberg.* Bearbeitung von Strindbergs Drama *Totentanz.*

Monstervortrag über Gerechtigkeit und Recht nebst einem helvetischen Zwischenspiel. Überarbeitete Fassung einer Rede, in der Dürrenmatt *Eine kleine Dramaturgie der Politik* (Untertitel) entwirft, das heißt die Idee entwickelt, die Weltgeschichte und das Zeitgeschehen unter dramaturgischer Perspektive zu betrachten.

1970 *Portrait eines Planeten. Übungsstück für Schauspieler,* das in einer von der Urzeit bis zur Endzeit reichenden Blitztour den Zustand der Erde und das Verhalten der Menschen auf ihr vor Augen führt. Am Ende explodiert die Sonne und macht dem Spuk ein Ende.

1973 *Der Mitmacher. Komödie* über die Korruption. Mit seiner Erfindung, Leichen spurlos verschwinden zu lassen, arbeitet der Chemiker Doc einem Verbrechersyndikat in die Hände. Vorgeblich, um die Verbrecher zu überführen, tatsächlich, um sich an die Spitze der Organisation zu setzen, macht der Polizeichef da ›Spiel‹ mit, wird am Ende aber verlieren.

1977 *Die Frist. Komödie* über einen im Sterben liegenden Diktator, dessen Tod, unter Ausnutzung aller Möglichkeiten der modernen Medizin, aus machtpolitischen Gründen willkürlich hinausgeschoben wird.

1978 *Bilder und Zeichnungen.* Ein Bildband.

1979 *Die Panne. Komödie,* deren Stoff bereits als Novell

(1956), als Hörspiel (1961) und als Fernsehspiel (1957) vorlag. Weil er wegen einer Autopanne eine Übernachtungsmöglichkeit sucht, gerät Alfredo Traps in eine Villa, wo drei greise Juristen allabendlich Ankläger, Richter und Henker spielen. Unversehens kippt das Spiel in Wirklichkeit um.

1981 *Stoffe I–III.* Zwischen autobiographischen und novellistischen Partien wechselnde Reflexionen über Dürrenmatts schriftstellerisches Schaffen, 1990 neu unter dem Titel *Labyrinth* herausgekommen.

1983 *Achterloo. Komödie.* Figuren aus der Weltgeschichte zeigen ihre Macht- und Befreiungsspiele. Am Schluss stellt sich heraus, dass es Insassen eines Irrenhauses sind, die Theater spielen.

1985 *Minotaurus. Eine Ballade* mit Zeichnungen Dürrenmatts. Der antike Mythos von Minotaurus, der in ein Labyrinth eingesperrt ist, wird als Gleichnis unseres Weltzustandes gedeutet.

Justiz. Roman über die Aufklärung eines scheinbar völlig unmotivierten Mordes, der das Problem verdeutlicht, dass die Justiz nicht mit Gerechtigkeit zu verwechseln ist.

1986 *Der Auftrag oder Vom Beobachten des Beobachters der Beobachter. Novelle in 24 Sätzen*, die unsere heutige Welt als einen Ort beschreibt, wo alle beobachten und beobachtet werden, z. B. durch den Staat.

1988 *Versuche.* Essays und Reden über Kunst und Wissenschaft, Philosophie und Politik, Literatur und Theater.

1989 *Das Durcheinandertal. Roman*, in dem die Repräsentanten des Guten und des Bösen, der Gnade und der Sünde, miteinander ringen und sich mörderische Kämpfe liefern.

1990 *Turmbau. Stoffe IV–IX.* Letztes zu Lebzeiten Dürrenmatts veröffentlichtes Werk, das »den Zusammenhang zwischen Leben, Erlebtem, Phantasie und den daraus entspringenden Stoffen« (Dürrenmatt) untersucht.

Literaturgeschichtliche Bezüge und Rezeption

Dürrenmatts literarisches Werk kann in seiner weiterwirkenden Bedeutung noch nicht abschließend beurteilt werden. Es lässt sich heute nicht absehen, ob es in seiner Gesamtheit weiterhin wahrgenommen wird oder ob eher seine dramatischen Arbeiten oder seine Prosaschriften dauerhaftes Interesse bei Publikum und Kritik finden werden.

Literaturgeschichtlich betrachtet, ragt vor allem die Dramaturgie der grotesken Komödie als Dürrenmatts eigenständige Leistung heraus. Entwickelt hat er diese theatralische Form in bewusster Reaktion auf das Theater Bertolt Brechts. Die deutschsprachige Dramatik nach 1945 war derart von der dominierenden Autorität dieses Theoretikers und Theaterpraktikers bestimmt, dass sich kein zeitgenössischer Autor der Auseinandersetzung mit ihm entziehen konnte. Friedrich Dürrenmatt suchte sie, indem er Brechts zentraler dramaturgischer Forderung, die Welt se auf dem Theater als »veränderbar« wiederzugeben, die The se entgegensetzte: »Der alte Glaubenssatz der Revolutio näre, daß der Mensch die Welt verändern könne, ist fü den einzelnen unrealisierbar geworden, außer Kurs ge setzt, der Satz ist nur noch für die Menge brauchbar, al Schlagwort, als politisches Dynamit, als Antrieb für di

Distanz zu Brecht

8. AUTOR UND ZEIT

Massen, als Hoffnung für die grauen Armeen der Hungernden.«[67]

Anders als Brecht sah Dürrenmatt keine vom wissenschaftlichen Fortschritt bewirkten Veränderungen, die die heutige Welt »schon nahezu bewohnbar«[68] erscheinen ließen. Er nahm die Welt nur als labyrinthisches Chaos wahr, erzeugt durch Bevölkerungsexplosion, Industrialisierung und Technisierung, Bürokratisierung, Vermassung und Anonymisierung. Und auf eine solche Welt, die er zwar nicht für absurd, wohl aber für grotesk hielt, kann das Theater seiner Überzeugung nach nur mit der Form der Komödie antworten. Der berühmt gewordene Satz aus seinem Essay *Theaterprobleme*, der das Fazit dieser Überlegungen zieht, lautet: »Uns kommt nur noch die Komödie bei.«[69]

Die Gattungsbezeichnung ›Komödie‹ verwendet Dürrenmatt erstmals für sein Theaterstück *Romulus der Große*, zuvor benutzt er den neutralen Begriff ›Drama‹. Den Höhepunkt der ästhetischen Ausformung der Komödie erreicht er mit dem Stück *Die Physiker*, indem er aus der potentiellen Tragödie der drei Physiker durch die »schlimmstmögliche Wendung« des Geschehens ein groteskes Spiel macht. Das *Physiker*-Drama ist zugleich das künstlerische Modell, mit dem sich Dürrenmatt total vom traditionellen Illusionstheater löst und auf der Bühne nur mehr reine Fiktion, eine erdachte eigene Welt zeigt. In der Künstlichkeit dieser Theaterwelt haben realistisch-naturalistische Abbilder der Wirklichkeit keinen Platz mehr. Der Autor verweigert seinen Figuren und ihrer Welt jene Realität, die von der traditionellen Tragödie beansprucht wird:

»Das Dilemma der Tragödie: Nur das Wirkliche berührt uns tragisch. Ein wirklicher Todesfall usw. Wir brauchen die Illusion, auf dem Theater werde wirklich gestorben, wollen wir uns durch einen Theatertod erschüttern lassen. Die Tragödie braucht die Illusion des Zuschauers, sein Mitspielen, für die Tragödie gilt: Theater = Wirklichkeit. [...] Das Verhältnis der Tragödie zur Wirklichkeit ist naiv. Ihre Wirkung hängt von der Illusionskraft der Bühne ab, erreichte im Naturalismus letzte Höhepunkte, seitdem ist die Tragödie – da wir der Bühne ihre Illusionen nicht mehr so recht glauben – fast nur noch in Filmen heimisch.«[70]

In der Komödie Dürrenmatts stellt sich die Frage nach der Wirklichkeit anders. Hier will das künstlerische Modell keine empirische Wirklichkeit mehr bedeuten, das Theater ist nur Theater, das allenfalls Analogien und Gegenentwürfe zu der Realität aufzeigt. Ist die Tragödie für Dürrenmatt eine »naive« Theaterform, so betrachtet er die Komödie als eine »bewußte«[71], bewusst gestaltet als reine Kunstwelt. Die alte Metapher von den Brettern der Bühne, die die Welt bedeuten, bekommt hier einen neuen Inhalt. Die Kunstwelt, die Dürrenmatt in seinen Komödien präsentiert, stellt eine sehr spezifische Art des »Welttheaters«[72] dar.

Drama und Theater als erdichtete Welt

Seine Verbindlichkeit erhält dieses »Welttheater« in der Herausforderung des Zuschauers, sich durch das unwirkliche Spiel in der Wirklichkeit seines Alltags und seiner Gewohnheiten in Frage stellen zu lassen. Der Sinn einer paradoxen Komödienhandlung mit der »schlimmstmöglichen Wendung«, wie sie das *Physiker*-Stück zeigt, liegt nach Dürrenmatt »nicht darin, Schrecken auf Schrecken zu häufen, sondern darin, dem Zuschauer das Geschehen bewußt zu machen, ihn vor das Geschehen zu stellen.«[73] In seiner Reaktion darauf ist er aber frei. »Der Zuschauer kann sich die

Dürrenmatts »Welttheater«

Frage stellen, inwiefern der Fall auf der Bühne auch sein Fall sei [...]. Die Möglichkeit zu diesem Wagnis ist vorhanden, doch braucht sie vom Zuschauer nicht ergriffen zu werden, er wird dann eine Komödie der Handlung als eine reine Groteske erleben oder als eine übersteigerte Tragödie.«[74]

Von Dürrenmatts eigenwilligem »Welttheater« sind auf die deutsche Dramatik der sechziger und siebziger Jahre zwar »beträchtliche«, jedoch nicht »direkt greifbare« stoffliche, thematische und formale Wirkungen ausgegangen, es hat zumeist nur einen »verdeckten Einfluß« ausgeübt.[75] Gerhard P. Knapp nennt als Autoren, deren Stücke im engeren oder weiteren Sinne im dramaturgischen Einzugsbereich des Dürrenmattschen Theaters stehen, vor allem Peter Weiss, Tankred Dorst und Peter Hacks, aber auch Franz-Xaver Kroetz und Thomas Bernhard. »Der mit dem Ende der sechziger Jahre einsetzende Prozeß der politischen Bewußtwerdung weiterer Kreise der bundesrepublikanischen Öffentlichkeit« hat jedoch »der innerliterarischen Wirkung von Dürrenmatt-Texten bestimmte Grenzen gesetzt«[76]. Die Autoren des Neuen Volks- und des Zeitstücks sowie des dokumentarischen Theaters knüpften nicht bei Dürrenmatt, sondern bewusst wieder bei Brecht an, weil sie anders als Dürrenmatt nicht die Kunst, sondern wieder die Realität zur Richtschnur ihres Theaters machten, das sie als ein politisches Theater verstehen. Die Tatsache allerdings, dass im zeitgenössischen Drama seit den neunziger Jahren die Formen der Komödie, der Groteske und der Farce signifikant zugenommen haben, ja geradezu dominieren, könnte einer Neuentdeckung des Dürrenmattschen Theaters förderlich sein.

> Literaturgeschichtliche Wirkung

9. Checkliste

1. Stoffliche Anregungen
   Welche Personen und Fakten aus der Geschichte der Physik greift Dürrenmatt auf?
   Welche Thesen der Rezension zu Robert Jungks Buch *Heller als tausend Sonnen* weisen auf das Stück voraus?

2. Welche weltpolitische Problematik zur Entstehungszeit der *Physiker* spiegelt sich in dem Stück?

3. In welcher Weise steht die ›kleine Welt‹ des Irrenhauses für die ›große Welt‹?

4. Welche biographischen Fakten von Möbius erfährt der Zuschauer im Verlauf des Stücks?

5. Erklären Sie den Rückzug von Möbius ins Irrenhaus.
   Welche Begründungen gibt er für seinen Entschluss?
   Auf wessen Kosten geht dieser Entschluss?
   Warum vernichtet Möbius seine wissenschaftlichen Aufzeichnungen, wo er sich im Irrenhaus doch sicher und unbeobachtet glaubt?

6. Ist Möbius ein »mutiger Mensch«?

7. Warum scheitert Möbius mit seinem Entschluss, die Welt vor den Folgen seiner Entdeckungen zu retten? Berücksichtigen Sie bei ihrer Antwort auch die entsprechender Thesen in den *21 Punkten zu den Physikern*.

8. Erklären Sie, wovor der »Psalm Salomos, den Weltraumfahrern zu singen« warnt.

9. Welche Zukunftsvision entwirft Möbius in der Rolle Salomos am Ende des Stücks?

9. CHECKLISTE 65

10. Die Rolle von Einstein und Newton
    Warum halten sich Newton (Kilton) und Einstein (Eisler) im Irrenhaus auf? Erklären Sie ihr Spiel mit verschiedenen Identitäten.
    Mit welchen Argumenten rechtfertigen die Physiker die Morde an den Krankenschwestern?
    Welche Positionen zum Ziel der Physik und zur sozialen Verantwortung der Physiker vertreten Kilton und Eisler?
    Erklären Sie, welche Auswirkung die Abhängigkeit Kiltons und Eislers von ihren Auftraggebern für ihre Argumentationen hat.
    Mit welchen Argumenten lassen sie sich von Möbius zum Verbleib im Irrenhaus überreden?

11. Die Rolle der Chefärztin
    Welche biographischen Daten erfährt der Zuschauer im Verlaufe des Stücks über die Chefärztin?
    Was bedeutet die Salomo-Vision für die Chefärztin?
    Welche Eigenschaften machen aus ihr eine groteske Figur?
    Welcher Realitätsbezug spiegelt sich im Verhalten der Chefärztin?

12. Erklären Sie die Schlussmonologe der drei Physiker.
    Welche Funktion für die Deutung des Stücks haben sie?
    Welche Position zum Fortschritt der Wissenschaft wird in ihnen erkennbar?

13. Beschreiben Sie die Funktion des Zufalls im Stück.
    In welcher Weise bricht der Zufall in die Handlung ein?
    Wer verkörpert den Zufall?
    Was bewirkt der Zufall?

9. CHECKLISTE

In einem Gespräch hat Dürrenmatt behauptet: Hätte Möbius ein anderes Irrenhaus gewählt, wäre das Ganze nicht passiert. Ist das plausibel?
Welche Vorstellung von unserer Welt und unserer Gesellschaft spiegelt sich in Dürrenmatts Dramaturgie des Zufalls?

14. Welche Funktion hat die »schlimmstmögliche Wendung«?
Beziehen Sie bei Ihrer Antwort die Aussage Dürrenmatts ein, er habe mit den *Physikern* einen »umgekehrten Ödipus« schreiben wollen.

15. Was will Dürrenmatt mit seinem Stück bewirken?
Diagnose der Wirklichkeit oder Therapie (Lösungen)?
Erklären Sie Dürrenmatts These: »Der Inhalt der Physik geht die Physiker an, die Auswirkung alle Menschen« (16. Punkt der *21 Punkte*).

16. Welche Dramaturgie des Zuschauers verfolgt Dürrenmatt?
Erklären Sie seine Aussage, er wolle den Zuschauer »überlisten«, sich der Wahrheit auszusetzen?
Meint Dürrenmatt eine bestimmte ›Wahrheit‹?

17. Die künstlerischen Gestaltungsmittel Dürrenmatts
Welche Wirkungen gehen von dem parallelen Aufbau der beiden Akte aus?
Erklären Sie Dürrenmatts Aussage, der Tragödie gehe das Satyrspiel voraus.
Wie verwendet Dürrenmatt die Stilmittel der Groteske und des Paradoxes?

18. In welcher Weise hält Dürrenmatt die Einheit von Ort, Zeit und Handlung ein?

9. CHECKLISTE

19. Erklären Sie Dürrenmatts Aussage, einer Handlung, die unter Verrückten spiele, komme nur die »klassische Form« bei.

20. Wie begründet Dürrenmatt seine Auffassung, dass es heute nicht mehr möglich sei, Tragödien zu schreiben?

21. Mit welcher Begründung nennt Dürrenmatt *Die Physiker* eine Komödie?

22. Warum ist das *Physiker*-Stück »grotesk, aber nicht absurd (sinnwidrig)« (10. Punkt der *21 Punkte*)?

23. Welches Verhältnis zur Wirklichkeit hat das *Physiker*-Stück? Bildet es Wirklichkeit ab oder erfindet es sie?

24. In welcher Weise sind *Die Physiker* »Welttheater« im Sinne Dürrenmatts?

25. Ist das *Physiker*-Drama ein Zeitstück? In welcher Weise reicht sein Sinnpotential in die Gegenwart hinein?

26. Bertolt Brechts Drama *Leben des Galilei*
Vergleichen Sie (mit Hilfe von Zusatzinformationen) die historische Gestalt Galileis mit Brechts dramatischer Figur.
Warum ist Galilei bei Brecht keine positive Figur?
Wie begründet Brecht den Vorwurf, die Wissenschaft hätte die historische Chance nicht genutzt, einen Moralkodex (eine Art hippokratischen Eid) zu entwickeln?
Wie beurteilt er die Folgen dieses Versagens für die Menschheit?

27. Vergleichen Sie Brechts Haltung zur sozialen Verantwortung der Wissenschaftler mit den Positionen von Dürrenmatt und Kipphardt.

28. Welche thematischen Konstanten lassen sich im Gesamtwerk Dürrenmatts erkennen?
29. Welche Wirkungen gingen von Dürrenmatts dramatischem Schaffen auf das Drama und Theater der Gegenwart aus?

10. Lektüretipps

Textausgabe

Friedrich Dürrenmatt: Die Physiker. In: Werkausgabe in dreißig Bänden. Bd. 7. Zürich: Diogenes Verlag, 1988.

Zum Nachschlagen von Sachbegriffen

Metzler Literatur Lexikon. Begriffe und Definitionen. Hrsg. von Günther und Irmgard Schweikle. 2., überarb. Aufl. Stuttgart: Metzler, 1990. – *Vorzügliches einbändiges Sachwörterbuch zu allen wichtigen Begriffen.*
Theater-Lexikon. Kompaktwissen für Schüler und junge Erwachsene. Hrsg. von Lothar Schwab und Richard Weber. Frankfurt a. M.: Cornelsen Scriptor, 1991. – *Zuverlässiges und verständlich geschriebenes Nachschlagewerk über die Geschichte des Theaters, Theaterformen, dramaturgische Begriffe.*
Kienzle, Siegfried: Schauspielführer der Gegenwart. 5., überarb. Aufl. Stuttgart: Kröner, 1990. – *Informativer und im Allgemeinen verständlich geschriebener Führer zu seit 1965 uraufgeführten repräsentativen Stücken des deutschen und ausländischen Gegenwartstheaters.*

Zur Einführung in das Drama

Asmuth, Bernhard: Einführung in die Dramenanalyse. 5., aktualisierte Aufl. Stuttgart: Metzler, 1997. – *Vorwiegend theorieorientierte Darstellung der Aspekte und Elemente des Dramas von seiner literarischen Form bis zur Bühnenaufführung.*

Zu Friedrich Dürrenmatt

Allgemeinverständlich

Arnold, Armin: Friedrich Dürrenmatt. 5., erg. Neuaufl. Berlin: Colloquium Verlag, 1984. – *Knapp gehaltene Werkbiographie, die eine gute Orientierung ermöglicht.*

Görtz, Heinrich: Friedrich Dürrenmatt. Mit Selbstzeugnissen und Bilddokumenten. Reinbek bei Hamburg: Rowohlt, 1987. – *Informative Darstellung biographischer und werkgeschichtlicher Fakten, die sich jeglicher Deutung enthält.*

Tantow, Lutz: Friedrich Dürrenmatt. Moralist und Komödiant. München: Heyne, 1992. – *Gut geschriebene Biographie mit zuverlässigen Informationen über die zeitgeschichtlichen und literarischen Einflüsse auf Dürrenmatt.*

Literaturwissenschaftliche Darstellungen

Große, Wilhelm: Literaturwissen Friedrich Dürrenmatt Stuttgart: Reclam, 1998. [u. ö.]. – *Gute Einführung in da Gesamtwerk Dürrenmatts, überwiegend in Form vor Einzelinterpretationen zu den wichtigsten Arbeiten.*

Jenny, Urs: Friedrich Dürrenmatt. München: Deutscher Ta schenbuch Verlag ⁵1973. – *Leicht lesbare Interpretationen der Theaterstücke, einschließlich einer knappen Doku mentation ihrer Bühnengeschichte.*

Knapp, Gerhard P.: Friedrich Dürrenmatt. 2., überarb. u

erw. Aufl. Stuttgart: Metzler, 1993. – *Vorzügliche, aber sehr gedrängte Information über Autor, Gesamtwerk, Rezeption, Wirkung und Forschung, einschließlich ausführlicher Bibliographie.*

Knopf, Jan: Friedrich Dürrenmatt. 4., neubearb. Aufl. München: C. H. Beck, 1988. – *Klar konzipierte, hervorragend geschriebene Darstellung der Autorenbiographie, der Werkgeschichte und des zeitgeschichtlichen Hintergrunds.*

Knopf, Jan: Der Dramatiker Friedrich Dürrenmatt. Berlin: Henschelverlag, 1987. – *Wichtige Arbeit zum Bühnenwerk Dürrenmatts mit historisch-chronologischer Deutung der Stücke sowie mit Analysen zu Bühnenästhetik und politischen Grundlagen, kontrastiert mit dem dramatischen Werk Bertolt Brechts.*

Krättli, Anton: Friedrich Dürrenmatt. In: Heinz-Ludwig Arnold (Hrsg.): Kritisches Lexikon der Gegenwartsliteratur. München: edition text + kritik, 1978 ff. 7. Nlg. [u. ö.]. – *Gedrängter Überblick über das Gesamtwerk mit ausführlicher Bibliographie der Primär- und Sekundärliteratur, die in unregelmäßigen Abständen aktualisiert wird.*

Zur literaturwissenschaftlichen Interpretation der *Physiker*

Knapp, Gerhard P.: Friedrich Dürrenmatt: *Die Physiker*. Frankfurt a. M.: Diesterweg, ⁹1992. – *Außer Grundlagen zur Interpretation kompakter Überblick über die Positionen der Rezeption, mit Abdruck repräsentativer Theaterkritiken.*

Knopf, Jan: Friedrich Dürrenmatt: *Die Physiker*. Apokalyptisches Narrenspiel. In: Interpretationen: Dramen des 20. Jahrhunderts. Bd. 2. Stuttgart: Reclam, 1996 [u.ö.]. S. 109–125.

Ritter, Alexander: Erläuterungen und Dokumente. Friedrich Dürrenmatt: *Die Physiker*. Stuttgart: Reclam, 1991 [u.ö.].

Anmerkungen

1 Zitiert wird, mit Angabe der Seitenzahl, nach der *Werkausgabe in dreißig Bänden*, Bd. 7, Zürich 1988.
2 Klaus Zobel, »die veranschaulichung dramatischer strukturen«, in: *Wirkendes Wort* 26 (1976) S. 149–167, hier S. 155.
3 Friedrich Dürrenmatt, *Theaterprobleme*, in: *Werkausgabe in dreißig Bänden*, Bd. 24, Zürich 1980, S. 31–72, hier S. 62 ff.
4 Gerhard P. Knapp, *Friedrich Dürrenmatt: Die Physiker*, Frankfurt a. M. [u.a.] 1988 (Grundlagen und Gedanken zum Verständnis des Dramas), S. 31.
5 Knapp (Anm. 4), S. 32.
6 Gerhard P. Knapp, *Friedrich Dürrenmatt*, Stuttgart 1993, S. 94.
7 Walter Muschg, »Die Physiker«, in: *Über Friedrich Dürrenmatt*, Werkausgabe in dreißig Bänden, Bd. 30, Zürich 1980, S. 139–144, hier S. 140f.
8 Dürrenmatt (Anm. 3), S. 34f. Vgl. auch Urs Jenny, *Friedrich Dürrenmatt*, München 1973, S. 81.
9 Jenny (Anm. 8), ebd.
10 Die Metapher »Einfall« nutzt Dürrenmatt in doppeltem Sinne. Einmal beschreibt er damit die Ideen, die ihm, dem schaffenden Autor, ›einfallen‹; zum anderen meint er damit das Strukturprinzip, dass ein außerordentliches, unberechenbares Ereignis unvermittelt in die vermeintliche Ordnung der fiktiven Welt ›einfällt‹ und diese dadurch in Frage stellt. Vgl. Ulrich Profitlich, »Friedrich Dürrenmatt«, in: *Deutsche Dichter des 20. Jahrhunderts*, hrsg. von Hartmut Steinecke, Berlin 1996, S. 652–663, hier S. 653.
11 Jan Knopf, »Friedrich Dürrenmatt, Die Physiker. Apokalyptisches Narrenspiel«, in: *Interpretationen. Dramen des 20. Jahrhunderts*, Bd. 2, Stuttgart 1996, S. 109–125, hier S. 117.
12 Vgl. Punkt 9 der *21 Punkte zu den Physikern*.
13 Knopf (Anm. 11), S. 118.
14 Ralf Schnell, *Die Literatur der Bundesrepublik. Autoren, Geschichte, Literaturbetrieb*, Stuttgart 1986, S. 184.

15 Friedrich Dürrenmatt, *Heller als tausend Sonnen. Zu einem Buch von Robert Jungk*, in: *Werkausgabe in dreißig Bänden*, Bd. 28, Zürich 1980, S. 20–24, hier S. 22.
16 Dürrenmatt (Anm. 15), S. 24.
17 Friedrich Dürrenmatt, *Standortbestimmung* [zu *Frank der Fünfte*], in: *Werkausgabe in dreißig Bänden*, Bd. 6, Zürich 1980, S. 155–160, hier S. 155 f.
18 Dürrenmatt (Anm. 17), S. 157.
19 Dürrenmatt (Anm. 17), ebd. Vgl. hierzu auch: Karl Richter, »Grenzen und Grenzüberschreitungen. Ein Versuch zum Drama Dürrenmatts am Beispiel seiner *Physiker*«, in: *Literatur an der Grenze*, hrsg. von Uwe Grund und Günter Hold, Saarbrücken 1992, 137–151, hier S. 137 ff.
20 Franz R. Kempf, »Brecht und Dürrenmatt als Dramatiker: Antipoden oder Dioskuren? Versuch einer Bilanz«, in: *Weimarer Beiträge* 37 (1991), S. 1002–17, hier S. 1008.
21 Vgl. Richter (Anm. 19), S. 138.
22 »Dürrenmatt im Gespräch mit Jürg Ramspeck« (1987), in: Alexander Ritter, *Erläuterungen und Dokumente: Friedrich Dürrenmatt »Die Physiker«*, Stuttgart 1991, S. 115.
23 Bertolt Brecht, *Leben des Galilei*, in: *Gesammelte Werke. Werkausgabe in edition suhrkamp*, Bd. 3, Frankfurt a. M. 1967, S. 1341. Vgl. hierzu auch S. 47 ff.
24 Vgl. zum Folgenden Richter (Anm. 19), S. 141 ff.
25 Friedrich Dürrenmatt, *Sätze über das Theater*, in: *Werkausgabe in dreißig Bänden*, Bd. 24, Zürich 1980, S. 176–211, hier S. 207.
26 Jan Knopf, *Friedrich Dürrenmatt*, 4., neubearb. Aufl., München 1988, S. 108.
27 Friedrich Dürrenmatt, *Friedrich Schiller*, in: *Werkausgabe in dreißig Bänden*, Bd. 26, Zürich 1980, S. 82–102, hier S. 96 f.
28 Schnell (Anm. 14), S. 182.
29 Schnell (Anm. 14), S. 185.
30 Dürrenmatt (Anm. 8), S. 63.
31 Dürrenmatt (Anm. 8), ebd.

32 Horst Bienek, »Friedrich Dürrenmatt«, in: *Werkstattgespräche mit Schriftstellern*, 3., durchges. u. erw. Aufl., München 1976, S. 120–136, hier S. 133.
33 Bienek (Anm. 32), S. 122.
34 Vgl. Schnell (Anm. 14), S. 187
35 Vgl. Dürrenmatt (Anm. 8), S. 32f.
36 Bienek (Anm. 32), S. 123.
37 »Dürrenmatt im Gespräch mit Ernst Schumacher« (*Deutsche Woche*, 18.1.1961), in: Peter C. Plett, *Dokumente zu Friedrich Dürrenmatt »Die Physiker«*, Stuttgart 1972, S. 15.
38 Richter (Anm. 19), S. 151.
39 Bienek (Anm. 32), S. 129.
40 Bienek (Anm. 32), ebd.
41 Bienek (Anm. 32), S. 122.
42 Vgl. Dürrenmatt (Anm. 3), S. 61 ff.
43 Dürrenmatt (Anm. 25), S. 209.
44 Knopf (Anm. 11), S. 124.
45 Bertolt Brecht, »Ungeschminktes Bild einer neuen Zeit« (Vorrede zur amerikanischen Fassung), in: Bertolt Brecht, *Gesammelte Werke. Werkausgabe in edition suhrkamp*, Bd. 17, Frankfurt a. M. 1967, S. 1106 f., hier S. 1106.
46 Die zweite Fassung war, um in Amerika aufgeführt werden zu können, in englischer Sprache geschrieben. Die dritte Fassung ist im Wesentlichen deren Rückübersetzung ins Deutsche; sie ist außerdem die einzige, die auch 1955 gedruckt wurde, kann also als die autorisierte betrachtet werden.
47 Jan Knopf, *Der Dramatiker Friedrich Dürrenmatt*, Berlin 1987, S. 113.
48 Brecht (Anm. 23), S. 1341.
49 Brecht (Anm. 23), S. 1340 f.
50 Detlev Schöttker, *Bertolt Brechts Ästhetik des Naiven*, Stuttgart 1989, S. 287.
51 Brecht (Anm. 23), S. 1340.
52 Schnell (Anm. 14), S. 185.
53 Schnell (Anm. 14), ebd.

54 Dürrenmatt (Anm. 27), S. 97.
55 Dürrenmatt (Anm. 27), S. 98.
56 Vgl. Hans Mayer, »Dürrenmatt und Brecht oder die Zurücknahme«, in: *Über Friedrich Dürrenmatt, Werkausgabe in dreißig Bänden*, Bd. 30, Zürich 1980, S. 54–79.
57 Heinar Kipphardt, *In der Sache J. Robert Oppenheimer*, Frankfurt a. M. 1964 ff., S. 136.
58 Kipphardt (Anm. 57), S. 146.
59 Friedrich Dürrenmatt, *Gespräch mit Heinz Ludwig Arnold*, Zürich 1976, S. 16 f.
60 Dürrenmatt (Anm. 59), S. 19.
61 Knapp (Anm. 6), S. 5.
62 Georg Hensel, *Komödien der Untergänge. Lobrede auf Friedrich Dürrenmatt, den Träger des Georg-Büchner-Preises 1986*, in: *FAZ* Nr. 236 v. 11.10.1986.
63 Profitlich (Anm. 10), S. 662.
64 Profitlich (Anm. 10), ebd.
65 Profitlich (Anm. 10), ebd.
66 Friedrich Dürrenmatt, »Die Hoffnung, uns am eigenen Schopfe aus dem Untergang zu ziehen«, in: *Kants Hoffnung. Zwei politische Reden. Zwei Gedichte aus dem Nachlaß*, Zürich 1991.
67 Dürrenmatt (Anm. 27), S. 96 f.
68 Bertolt Brecht, »Kann die heutige Welt durch Theater wiedergegeben werden?«, in: *Gesammelte Werke. Werkausgabe in edition suhrkamp*, Bd. 16, Frankfurt a. M. 1967, S. 929–931, hier S. 930.
69 Dürrenmatt (Anm. 3), S. 62.
70 Friedrich Dürrenmatt, *Dramaturgische Überlegungen zu der »Wiedertäufern«*, in: *Werkausgabe in dreißig Bänden*, Bd. 7 Zürich 1988, S. 127–137, hier S. 130.
71 Dürrenmatt (Anm. 70), S. 134.
72 Dürrenmatt (Anm. 70), S. 133.
73 Dürrenmatt (Anm. 70), ebd.
74 Dürrenmatt (Anm. 70), S. 133 f.
75 Knapp (Anm. 6), S. 176.
76 Knapp (Anm. 6), S. 177.

Raum für Notizen